國小語文教學
答　問

羅秋昭　著

五南圖書出版公司 印行

　　語文是一切學科的基礎，聽、說、讀、寫能力強的學生，因為看得懂書本上要傳達的知識，相信任何學科都能學得很好。具備好的語文能力，對未來生活也會有很大的助益，所以每一個國家都非常重視本國語文的學習。

　　1985年開始，我在國立臺北教育大學教授「國小語文教材教法」課程，也經常到輔導區的小學，察看各校的觀摩教學，並參加各項研習活動。在教學上，我看到許多老師還是沿襲著過去老一輩老師的教學法，過於重視生字教學，教學步驟則是千篇一律的：念課文、講解生字新詞、寫習作、複習和考試，無論一到六年級，在教學法上沒有太大的差別；也常看到教室黑板上，出現的一個一個生字。其實就語文的結構而言，「詞」才是語言的最小單位，理應在黑板上出現「詞」才是，應該是講解完「詞」義，再提出「字」來解釋；又常看到老師為了要寫作文，而教作文，還看過老師把學生寫錯的字，寫在黑板上，再和學生一起訂正；我也曾聽見老師說：教國語不若教體育有趣，學生常寫錯別字，作文也不通順，修改起來十分費力。每週的教學進度，就是教學、訂正，教學、訂正，就在這迴旋中打轉，老師沒有時間進行活潑的教學法，而在教學內容上，也只能關注在識字、閱讀、寫作上，對於聆聽和說話則實在無暇兼顧。以上現象都會造成學生學習上的困擾，語文學習變得枯燥無味，甚至還可能收到反效果。

　　也許有老師也認為，學生六歲入學，聽說已經都會了，而且「聽說」的教材較難取得，所以課堂上較不重視這部分的訓練，但我認為這是很可惜的，因為聽說能力是一輩子都需要，且是必備的。此外，隨著學生年紀增長，我建議老師的教學法和教學重點都要隨之改變，低年級

要著重在「識字寫字」上；中年級要著重在「閱讀」上；高年級要著重在「口語表達和書面表達」上。如果各年級可以把握其學習重點，必然可以收到事半功倍的效果。

　　過去十幾年參加輔導區的觀摩教學，在研習活動中，常常被問到一些問題，例如：「怎樣教學生分辨『得』和『的』？」、「怎樣讓學生不寫錯字？」、「怎樣教學生寫好作文？」……而這些問題是普遍性存在於各個小學的問題，老師如果有方法解決，教學過程就會順利許多。從現場老師的教學中，我看到、學到了許多有價值的教學法，這些有效的教學法，值得寫成一本書提供給所有老師們參考，作為二十年前出版的《國小語文教材教法》做補充或續集，但是自己雜務太多，又不善於安排時間，所以一拖就是十年，這才發現手邊的文稿已經泛黃了，也不知這些語文的教學法，是否還有價值，於是請了復興小學的蔡婉君老師幫忙看看，結果她鼓勵我出版，於是把文稿交給五南圖書出版公司，想不到一躺又是三年，直到今年，這本放了十年的稿子終於要出版了。

　　本書依著教育部九年一貫本國語文綱要，分為：注音符號教學、聆聽教學、說話教學、識字與寫字教學、閱讀教學及寫作教學，另外加了一章「語文試題範例」，一共七個部分，九十九個問題。希望這本書能解答一些國語教師遇到的一些問題，也能提供老師一些教學法。

　　最後要感謝提供我作為例子的出版社及作者們，更要感謝插畫家楊麗玲小姐為我單元頁插圖，還為幾則「看圖說話」及「看圖寫作」，畫了可愛的圖畫，讓本書增光不少。還要感謝五南圖書出版公司教育組的陳主編及敏華小姐，他們很有耐心的讓我把稿子一改再改，如今能以此面貌呈現在大家面前，都是許多人努力的成果，我衷心感謝，如果有謬誤的地方，這是我的能力不足，還請方家不吝指教。

目錄

貳　聆聽教學　33

參　說話教學　53

肆　識字與寫字教學　95

伍　閱讀教學 137

壹、注音符號教學

插畫繪者：楊麗玲

1 # 爲什麼學漢字前，要先學會「注音」？

　　人類的進步是先有「語言」再有「文字」，各國的造字方式各有不同。

　　漢字是以：象形、指事、會意、形聲、轉注、假借等方法來造字，嚴謹地說，前四種是「造字」方法，而後兩種是借用已有的字而產生的新字，我們又說它是「用字」的方法。六書中，以「形聲字」佔的比率最高，約在百分之九十上下。

　　形聲字是一部分「表聲」，一部分「表形」的文字。在遠古以前，形聲字可以從字形上讀出字音，看出字義，但是經歷了久遠的年代，漢字有些音變、形變的現象，所以不容易從字形上讀出正確的聲音了。例如：「**每、莓、霉、海、誨、侮**」都以「每」當聲符，但「字音」卻有很大的差異。

每ㄇㄟˇ：每天　　　　海ㄏㄞˇ：大海（它不念ㄇㄟˇ）

莓ㄇㄟˊ：草莓　　　　誨ㄏㄨㄟˋ：教誨（它不念ㄇㄟˇ）

霉ㄇㄟˊ：霉味　　　　侮ㄨˇ：侮辱（它不念ㄇㄟˇ）

　　又如：「昔、借、錯、醋」都以「昔」為聲符，但是字音也有所不相同。

昔ㄒㄧˊ　　借ㄐㄧㄝˋ　　錯ㄘㄨㄛˋ　　醋ㄘㄨˋ
往昔　　　借錢　　　　錯誤　　　香醋

由於漢字字形與字音之間有很大的差異，如果不學標音的符號（注音符號或漢語拼音），識字上會遇到較多的困難；如果先學了標示漢字的拼音法，就可以正確念出五萬多個漢字的字音了，這是合乎學習原則的，所以學者都建議先學標音符號。

2 漢字有哪些標音方法？

(一) 古代的「讀若」、「讀如」、「反切」

中國古代有用同音字相互標注方法，如「冬：讀如東」，就是先學會幾百個字音，用一個字音來註明另一個同音字的方法。

「反切法」就是用兩組文字組合拼讀出的字音，這兩組文字一組表示聲母，一組表示韻母，念的時候是取前一個字的「聲」，與後一個字的「韻」，拼讀出另一個字音的方法。如：「東」是「德紅切」。

(二) 威翟式標音（又稱威妥瑪式拼音）

清末英國駐華公使威妥瑪（Sir Thomas Francis Wade），將明、清兩朝傳教士所用羅馬字整理成漢字的拼音符號。近代歐美各國學者使用威翟式拼音系統譯註漢字的文獻資料，過去傳教士到臺灣也用這種標音法標示閩南語等。

(三) 耶魯式拼音

第二次世界大戰期間，美國政府訓練空軍人員到遠東地區作戰。為使空軍人員略悉遠東語文，就跟耶魯大學合作，創辦遠東語文學院。耶魯大學的教授們於是根據已有的羅馬拼音方式，略加改訂，於1948年編成了「耶魯式拼音系統」。

(四) 注音符號

民國成立後，政府有鑑於各家拼音字母繁雜不易收效，於民國二年，教育部召開「臨時教育會議」，採用注音字母案。民國七年教育部正式公布注音字母，其後又經歷數度開會研商修訂，民國二十一年

完成「增修《國音字典》稿本」，奠定了國音以注音符號為主的標音方法，其後便進入國語及注音符號推行的階段。

(五) 羅馬拼音 —— 注音符號第二式

民國初年國外諸多人士來中國考察經商，對中文的需求日益殷切，為了方便外國人士，因此將注音符號以羅馬字母標示。民國十五年由教育部「國語統一籌備會」公布羅馬拼音法，即注音符號第二式。

(六) 漢語拼音

中國大陸於民國三十八年重新研究制定漢語字母。民國四十四年，大陸召開「全國文字改革會議」，並通過漢語拼音符號。

(七) 通用拼音

臺灣於民國八十七年進行研發另一套的拼音系統，希望從注音符號第二式——羅馬拼音與漢語拼音達到最大相容度，此套系統在民國八十九年教育部「國語推行委員會」通過為「通用拼音」。通用拼音與漢語拼音差異很少，只有少數幾個翹舌音，和舌面音符號有所不同，其餘大致相同。不同符號如下：

注音符號	ㄐ	ㄑ	ㄒ	ㄓ	ㄔ	ㄕ	ㄖ	ㄗ	ㄘ	ㄙ
漢語拼音	j	q	x	zh	ch	sh	r	z	c	s
				(zhi)	(chi)	(shi)	(ri)	(zi)	(ci)	(si)
通用拼音	ji	ci	si	jh	ch	sh	r	z	c	s
				Jhih	chih	shih	rih	zih	cih	sih

3　注音符號和漢語拼音哪裡不同？

（一）注音符號一個符號一個聲音，標音變化較少

　　從表面上看漢語拼音只用了英文字母25個，注音符號用了37個符號，但是37個符號清楚分別韻符與聲符，而且直接拼讀，沒有特例。漢語拼音用英文字母，由於英文字母不足37個，所以有些一個符號表示兩個音符，如「e」是ㄜ，又是ㄝ，「r」既是ㄖ，又是ㄦ（er）。

　　下面是注音符號和漢語拼音對照表：

ㄅ	ㄆ	ㄇ	ㄈ	ㄉ	ㄊ	ㄋ	ㄌ	ㄍ	ㄎ	ㄏ	ㄐ	ㄑ	ㄒ
b	p	m	f	d	t	n	l	g	k	h	j	q	x

ㄓ	ㄔ	ㄕ	ㄖ	ㄗ	ㄘ	ㄙ	ㄚ	ㄛ	ㄜ	ㄝ	ㄞ	ㄟ	ㄠ
zh	ch	sh	r	z	c	s	a	o	e	e	ai	ei	ao
(zhi)	(chi)	(shi)		(zi)	(ci)	(si)							

ㄡ	ㄢ	ㄣ	ㄤ	ㄥ	ㄦ	ㄧ	ㄨ	ㄩ
ou	an	en	ang	eng	er	I	u	u
						(yi)	(w)	(yu)

ㄧㄚ	ㄧㄛ	ㄧㄝ	ㄧㄞ	ㄧㄠ	ㄧㄡ	ㄧㄢ	ㄧㄣ	ㄧㄤ	ㄧㄥ
ia	io	ie	ai	iao	iu	ian	in	iang	ing
(ya)	(yio)	(ye)	(yai)	(yao)	(you)	(yian)	(yin)	(yang)	(ying)

ㄨㄚ	ㄨㄛ	ㄨㄞ	ㄨㄟ	ㄨㄢ	ㄨㄣ	ㄨㄤ	ㄨㄥ
ua	uo	uai	ui	uan	un	uang	ong
(wa)	(wo)	(wai)	(wei)	(wan)	(wen)	(wung)	(wong)

ㄩㄝ	ㄩㄢ	ㄩㄣ	ㄩㄥ
ue	uan	un	iong
(yue)	(yan)	(yun)	(yong)

(二) 注音符號標音的優點

1. 發音不受學習者母語字母的影響

注音符號是學習華語的一種新符號，它不像其他符號以羅馬字母為符號，恐怕會受到其他母語的影響。

2. 符號容易轉化寫國字

注音符號是由中國古字或漢字省筆所建立的，如：ㄅ為「包」省筆；ㄆ即為古字「攵」；ㄇ為「冒」省筆；ㄈ為古字盛物器；ㄉ為「刀」加一筆；ㄊ是「育」省筆等。學會注音符號將來學習漢字比較容易轉化，筆畫容易掌握，對於學國字有很大的幫助。

(三) 漢語拼音標音的優點

漢語拼音字母，有些字母受原來字音影響，或有些無法非常準確的情形，如b、g英文裡是濁音，在漢語裡它是清音。而j q x（ㄐㄑㄒ）也是容易弄錯的符號，雖然漢語拼音字母有一些缺點，但是它也有優點，如：

1. 老外學習漢語，入門不會產生恐懼感，因為那些字母都是他們熟悉的符號。
2. 對於一些「韻符」可以更清楚知道收n（前鼻音），還是收ng（後鼻音）。

ㄩㄢ	ㄩㄣ	ㄩㄥ	一ㄥ	一ㄣ	ㄨㄥ	ㄨㄣ
uan	un	iong	ing	in	ong	un

3. 目前電腦以橫式打字為主流，漢語拼音較方便文字及拼音的排列。

(四) 目前有些出版社對國外華文教材採兩者兼具的標音方法。

小ㄒㄧㄠ　狗ㄍㄡ　跟ㄍㄣ　比ㄅㄧ

xiǎo　gǒu　gēn　bǐ

4 爲何學習注音符號要從「韻符」開始？

(一) 韻符除了ㄝ、ㄟ以外，每一個符號都可以標注文字

國字一字一音，每一個字都包含了「聲」、「韻」、「調」，注音符號有21個聲符、16個韻符和4個聲調。過去學注音符號總是從ㄅ、ㄆ、ㄇ、ㄈ、ㄉ、ㄊ、ㄋ、ㄌ一路學下來，這當然是一種學習的方式，但是聲符除了ㄓ、ㄔ、ㄕ、ㄖ、ㄗ、ㄘ、ㄙ以外，都不能標示「字」音，一定要加上韻符，才可以拼出字音。兒童在學習上，只是學一些抽象的符號，所以學得困難又沒有成果，如果可以把注音和識字結合，讓學生一面學注音，一面識字，學習將變得更有趣。

(二) 字音以韻符的口形為主

韻符是「開口呼」，透過口腔的開合、口形的圓扁、舌位的高低，而發出不同的聲音。念「字」音時，口形都是依著韻符。如：「諸ㄓㄨ、書ㄕㄨ、出ㄔㄨ、盧ㄌㄨ」韻符都是ㄨ，聲符不同，但是念以上幾個字的口形都一樣，呈現出ㄨ的合口呼。

又如：「張、昌、商、孃、當」，這幾個字的「聲符」也不同，但是念起來，口形是相同的，可見口形是依著韻符而來的。那麼先教韻符，口形正確，就可以發出較標準的聲音了。

(三) 先學韻符，可以同時學習「結合韻符」及拼音方法

例如：學了ㄚ、ㄛ、ㄜ、ㄝ、ㄧ、ㄨ、ㄩ，接著就可以學結合韻：鴨、牙、葉、我、月等字音。再學複韻符ㄞ、ㄟ、ㄠ、ㄡ，又可以和介音ㄧ、ㄨ、ㄩ拼出「要、搖、油、為、外、歪」等字。而且先學會「韻符」，等到學「聲符」時，就可以一起拼音了，例如：學會了ㄅ，就可以和韻符拼音。如：

ㄅ	ㄅ	ㄅ	ㄅ	ㄅ	ㄅ	ㄅ	ㄅ	ㄅ	ㄅ
ㄚ	ㄧ	ㄨ	ㄞ	ㄟ	ㄠ	ㄛ	ㄢ	ㄣ	ㄤ	ㄥ

5 學生發音不標準，怎麼辦？

孩子發音正確，說話清晰，這對他未來發展很有幫助，不但可以建立他的自信心，還可以有較好的溝通能力。小學一、二年級是指導發音最好的時機，老師要試著幫助他們。

要使學生發音正確，可以從下面三方面著手：

(一) 注意口形的正確

如：單韻符的念法是要固定口形的，而且口腔的開合也是關鍵。

ㄚ　把兩隻手指頭並排，豎放上下牙床之間。

ㄛ　把口形變圓，等ㄛ的聲音停止了再收口，就不會念不清ㄛ和ㄡ了。

ㄜ　把一隻手指頭豎放上下牙床之間，嘴要微微張開。

又如：ㄨ和ㄩ的口形不同，ㄨ是「合口」，ㄩ是「撮口」。

念ㄩ時先念「約會ㄩ」、「月亮ㄩ」，就可以把字音和口形放準確了。

ㄥ的念法要開口，可以用壓舌板壓在舌面上，練習這個聲音。

念ㄓ、ㄔ、ㄕ、ㄖ，只要把嘴唇微微翹起來就可以了。

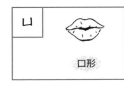

(二) 注意口腔的開合

複韻符的口形則要有變化，因為它是兩個韻符合成的。如：

ㄞ＝＝ㄚㄧ（口腔由開而合）

小孩ㄞ˙、等待ㄉㄞˋ

ㄟ＝＝ㄜㄧ（由開口到齊齒）

背ㄟ著、妹ㄟ˙妹

ㄠ＝＝ㄚㄨ（由開口到合口）

跑ㄠ˙、跳ㄠˋ、腰ㄠ

ㄡ＝＝ㄛㄨ（由開口到合口）

小狗ㄡ˙、快走ㄗㄡ˙

練習　小貓叫，小狗叫，小貓小狗一起叫。

聲隨韻符的口形，重點在收尾的聲符上。

ㄢ、ㄣ收前鼻音n，前鼻音舌頭要頂到上顎，收尾要把舌頭收在牙齦後。

ㄤ、ㄥ收後鼻音ng，收後鼻音，口腔要張開。

(三) 注意聲調的揚抑

國字有四聲，第一聲平而高，第二聲要揚起，第三聲要先抑後揚，第四聲要下降。

第三聲比較難念得正確，因為在國語四聲裡，第一聲音值是（55）、第二聲是（35）、第三聲是（214）、第四聲是（41），所以第三聲的聲音比較長，一般只有在句末字是第三聲時，才會念全上（214）；其他時候念「前半上（21）」或「後半上（14）」。對於發音不好的孩子，第三聲問題可以放在最後再去指導。

6　學生容易把ㄛ、ㄜ念錯、寫錯，怎麼辦？

(一) 辨音的方法：口形要正確

ㄛ的口形

教ㄛ時可以先畫蘋果，再練
習「果ㄛ」──「蘋果ㄛ」
（口腔是圓的）。

ㄜ的口形

教 學 時 先 教 兒 歌：天 上 一
隻 鵝，地 上 一 隻 鵝，鵝 生 鵝
蛋，鵝 變 鵝。
「大 白 鵝 的 ㄜ」（口 腔 是 扁
的）。

(二) 辨形的方法

1. 用動作加強辨識

ㄛ
蘋果ㄛ
（ㄛ不出頭）

ㄜ
大白鵝的ㄜ
（ㄜ要出頭）

2. **可用屁股寫字加強記憶**

　　寫ㄛ

師：

(1) 小朋友請跟老師一起用屁股寫字。

(2) 兩手叉在腰上，先寫一橫從左向右。

(3) 回到中間。

(4) 屁股向下，雙膝蹲下，屁股再往左邊轉個圈。

　　寫ㄜ

師：

(1) 現在寫ㄜ，跟老師一起用屁股寫字，兩手叉腰。

(2) 從左向右一橫，回到中間，把腳跟提高，因為ㄜ的中間一
　　畫要出頭。

(3) 再向下略蹲，然後向左邊畫個半圓。

(4) 練習幾次之後，請小朋友把眼睛閉起來，用手寫一寫ㄜ。

7　怎樣分辨「ㄝ、ㄟ」、「ㄛ、ㄡ」、「ㄣ、ㄥ」？

「ㄝ」是單韻符，念它時，口腔、口形不變，聲音不要拉長。

「ㄟ」是複韻符，念它時，口腔要由開「ㄜ」而收到「ㄧ」上，
也可以念成「ㄝ」而收到「ㄧ」上。

「ㄚ、ㄛ、ㄜ、ㄝ」是單韻符，教學時，要一個音一個音的念，
中間要有停頓，避免學生拉長著聲音念，如果聲音拉長了，就會把ㄝ
念成ㄟ了。

「ㄛ」是單韻符，念它時，口腔、口形不變，聲音不要拉長。

「ㄡ」是複韻符，念它時，口腔要由開ㄛ而收到ㄨ上。

「ㄣ」收前鼻音，口形由ㄜ到N，漢語拼音是en，口腔由開而
合，但不可以閉起來。

「ㄥ」收後鼻音，念的時候，注意口腔是開的，不要收口，聲音
則要收到後鼻音ng，漢語拼音念成eng。

歸納如下表：

ㄝ	口腔口形不變，它可以和「ㄧㄩ」結合	ㄩ ㄧ ㄝ ㄝ
ㄟ	口腔由扁開而扁平，它只可以和「ㄨ」結合	ㄨ ㄟ
ㄛ	口腔口形不變，它只和「ㄨ」結合	ㄨ ㄛ
ㄡ	口腔由開而合，它只可以和「ㄧ」結合	ㄧ ㄡ
ㄣ	ㄣ收前鼻音，舌要抵上顎，它可以和「ㄧㄨㄩ」結合	ㄩㄨㄧ ㄣㄣㄣ
ㄥ	ㄥ收後鼻音，口形要張開，它可以和「ㄧㄨㄩ」結合	ㄩㄨㄧ ㄥㄥㄥ

<u>**8**</u> **爲什麼「哥、稞、喝、雞、漆、溪」不可以 直接注音《、丂、厂、ㄐ、ㄑ、丅**

「聲符」是輔音。

　　聲符是阻擋氣流的作用，本身不發音的，我們會把ㄐ讀成「雞」的聲音，是因為加了領音「一」；相同的道理，讀「哥」也要在《的下面加韻符ㄜ。

　　但是有人質疑，為什麼ㄓ、ㄔ、ㄕ、ㄖ、ㄗ、ㄘ、ㄙ又不用加「韻符」呢？答案是：這七個符號的領音是空韻帀（一個不用的韻符）；等於說，這七個聲符本身就有韻符在身上，所以它們可以單獨發出聲音，其他的聲符就必須加上韻符，才能發出聲音了。

加領音	加領音	加領音	加領音	加領音	加領音
帀 （空韻）	帀 （空韻）	一	ㄜ	ㄜ	（ㄜ） （ㄛ）
ㄗ	ㄓ	ㄐ	《	ㄉ	ㄅ
ㄘ	ㄔ	厂	丂	ㄊ	ㄆ
ㄙ	ㄕ	丅	厂	ㄋ	ㄇ
	ㄖ			ㄌ	ㄈ

9 爲什麼ㄅ、ㄆ、ㄇ、ㄈ有兩種念法？

ㄅㄆㄇ是雙唇阻，顧名思義就是先用兩片嘴唇閉著，阻擋氣流，再用韻符結合成字音。ㄈ是唇齒阻，用上齒輕碰下唇，然後再用ㄈ和韻符拼出字音。

聲符是以唇齒舌阻擋氣流的作用，它本身是不發音的，而我們可以念出聲音，是因為我們加了一個韻符當領音，使符號可以發出聲音。

領音是ㄛ，所以讀出的聲音	
ㄅㄛ	玻
ㄆㄛ	坡
ㄇㄛ	摸
ㄈㄛˊ	佛

領音是ㄜ，於是發出
ㄅㄜ
ㄆㄜ
ㄇㄜ
ㄈㄜ

這兩種念法都對，拼音時則用直拼法，不把加上領音的「聲符」發出聲音，而是直接用聲符和韻符拼讀，所以念哪一種都可以。

10 怎樣念ㄥ、ㄧㄥ、ㄨㄥ？

　　ㄥ有兩種念法，一種是「庚韻」發ㄜ（＝eng）、一種是「東韻」發ㄛ（＝ong），當聲符和ㄥ拼音時要發庚韻。如「聲」是 sheng。

　　韻符「ㄨㄥ」如「蟲」chong，則是發「東韻」。

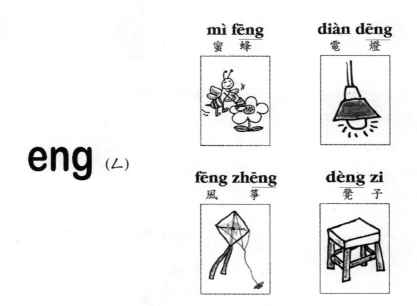

eng (ㄥ)

mì fēng　蜜蜂
diàn dēng　電燈
fēng zhēng　風箏
dèng zi　凳子

　　ㄧㄥ是結合韻符五個變音之一，因為它的念法不是ㄧㄥ（ㄜ），而是讀成ㄧ，漢語拼音寫成ing。

yǐng zi
影 子

lǎo yīng
老 鷹

ing　ying （ㄥ）

bīng qí lín
冰 淇 淋

jīng yú
鯨 魚

　　ㄨㄥ單獨讀音是weng，和聲符拼音時讀成ong，拼音時，聲符和ㄨㄥ拼讀，就把ㄨㄥ讀成ong就可以了，如「容」讀成「rong」，「空」讀成「kong」。所有聲符和「ㄨㄥ」拼讀時，都只要發出ㄛ=ong的聲音就可以了，如「東（dong）」、「通（tong）」、「中（zhong）」。

nóng rén
農 人

shuǐ tǒng
水 桶

ong （ㄨㄥ）

lóng
龍

chóng
蟲

11　「婆婆」、「風」、「佛」要怎樣讀才正確？

　　「**婆婆**」這個字音應該念成ㄆㄛ，但學生常常念成「ㄆㄨㄛ」的聲音，這是因為ㄆ雙唇阻，口腔較小，與ㄛ口腔圓而寬相拼，如果口腔不能張大，則會發出「ㄆㄨㄛ」的聲音。「婆」、「伯」、「墨」都是雙唇阻的聲符，和單韻符「ㄛ」的拼音，發音時先閉嘴再發ㄛ的圓口腔即可。記住**口腔要圓而寬**。

　　崩、烹、夢、風這四個音也一直困擾著我們，有人主張「ㄥ」要讀成「東韻ㄛ」，念成bong、pong、mong、fong；有人主張用「庚韻ㄜ」，讀成「崩」音beng、「烹」peng、「夢」meng、「風」feng，所以還是讀「庚韻」。國語以北平話為標準，因此讀後者「庚韻ㄜ」為宜。

　　總之，發音時要注意口腔的開合。國語要發音好，口腔要圓而寬，我們受閩南語影響，國語發音口腔都較扁，所以「婆」字發音會呈現「ㄨ」的聲音，導致發出「ㄆㄨㄛ」的現象，要指導學生發這個音，只要把口腔變圓就行了。

　　「佛」字的字音是「ㄈㄛ／」，它和「婆」的字音一樣，要開口讀出它的聲音。另外「伯伯」、「磨墨」等都是相同的，發音時口腔要圓，就能發出正確又好聽的聲音了。

12 怎樣教輕聲？

　　國語只有四個聲調，陰平（第一聲）、陽平（第二聲）、上聲（第三聲）、去聲（第四聲），「輕聲」不是字的本調，它是「語音」。在說話時為了美化語音，為了分別語詞，自然讀出來的聲音。

　　輕聲是一種「輕而短」的聲音，發音如下：（線條表示聲音的長短）

站起來　　　　　　窗戶　　　　　　木頭人

　　讀「輕聲」時只要把前一個字音拉長，就可以正確讀出輕聲了。如：裙—子、椅—子、木—頭等。念石「頭」時，不必念成ㄊㄡ，只要把「石」字念長一點，然後再發出「頭」的聲音即可，**不需要刻意去教輕聲**，以免讀出一些奇怪的聲音。

　　目前在國語課，大約有四種標「輕聲」的情況：

1. 詞尾的輕聲	2. 語助詞讀輕聲	3. 助詞「的」和疊字名詞的第二個字讀輕聲	4. 習慣用語或衍聲複詞用輕聲
這個輕聲字是沒有意義的。 例如：帽子ㄗ、裙子ㄗ、石頭ㄊㄡ、木頭ㄊㄡ、嘴巴ㄅㄚ	例如： 來了ㄌㄜ、走吧ㄅㄚ！是嗎ㄇㄚ？不會吧ㄅㄚ！還有呢ㄋㄜ？	例如： 爸爸ㄅㄚ、姐姐ㄐㄧㄝ、我的ㄉㄜ、你的ㄉㄜ。	例如： 衣裳ㄕㄤ、記得ㄉㄜ、葡萄ㄊㄠ、東西ㄒㄧ。

13 怎樣念第三聲？

國語四聲的音值（就是聲音的高低）：

第一聲	55	第二聲	35	第三聲	214	第四聲	51
符號是ー或不標示		符號是ˊ		符號是ˇ		符號是ˋ	

　　第三聲的聲音較長，但是我們在讀書和說話時，不會在第三聲那裡停頓太久，所以第三聲會念成「前半上ˇ」（21）或「後半上ˇ」（14）。

　　通常第三聲在句子的最後一個字時，它會讀成全上「214」，例如：「大家好！」如果第三聲字放在第一聲、第二聲、第四聲字的前面時，它讀成前半上（21）（符號是∧），例如：演說、演員、演戲，「演」字讀前半上。但是「兩個三聲字」連在一起時，前一個字會變成後半上（14），聽起來很像第二聲，例如：美酒、演講、老鼠等，學生注音時就容易寫成第二聲。如下：

老師　　老人　　老闆　　老爸
ㄌ∧ ㄕ　ㄌ∧ ㄖㄣˊ　ㄌ∧ ㄅㄢˇ　ㄌ∧ ㄅㄚˋ

　　教學上除了多練習，可以試試這一招：即是把第三聲字誇張的讀出來，例如：「㊤看到一道㊧麗的㊨虹」、「㊤㊝㊠了，㊥㊦喝㊧」，把第三聲完整的讀出來，讓學生讀得辛苦，再告訴學生第三聲是會隨著後面的文字而有些改變，這時學生就容易記得第三聲的字音了。

14 學習注音符號需要背它的順序嗎？

注音符號不像英文字母，是拼寫字的基本符號，注音符號只是標音的作用，順序其實並不重要，但是有些目錄用「注音符號」作為索引或檢碼，如：字典、辭典，或是百科全書等，這時注音符號的順序就發揮作用了。此外，電腦鍵盤的注音輸入法，也是依著注音符號的順序排列，所以能依序背出注音符號順序，還是很方便的。

注音符號索引 ㄎ・ㄏ

楓 0494	侃 0071	洘 0283	闞 1352	混 0755	狂 0821
欷 0694	ㄎㄩ 0133	ㄎㄤˋ	ㄎㄨㄟ	焜 0800	誆 1192
ㄎㄠ	坎 0279	亢 0043	ㄎㄨㄟ	琨 0839	ㄎㄨㄤ
坎 0279	优 0055		恢 0544		壙 0299
尻 0386	檻 0690	康 0424	陝 1046	夔 0303	曠 0626
ㄎㄠˋ	欲 0695	抗 0525	跨 1239	奎 0323	況 0731
拷 0541	砍 0906	炕 0791	ㄎㄨㄛ	戣 0512	匡 0894
攷 0584	轗 1261	閌 1347	揆 0559	魁 1429	壙 0916
犒 0660	ㄎㄢˇ		楑 0426	騤 1439	纊 1008
烤 0794	凵 0133	ㄎㄥ	擴 0579	鵾 1447	脫 1222
鎬 0804	勘 0162	傾 0097	適 1276	ㄎㄨㄣ	
考 1026	崁 0399	坑 0221	窟 1271	壸 0302	ㄎㄨㄥ
ㄎㄠˋ	看 0889	杭 0278	闊 1413	悃 0478	倥 0081
瞌 0899	硻 0819	稱 1349	聯 1421	捆 0545	崆 0397
磕 0901	匧 0909	稱 1387	魁 1433	梱 0662	控 0484
鎬 0820	蹇 1335			焜 0989	空 0938
銬 1323	衎 1149	ㄎㄨ	昏 1065	閫 1348	埊 0956
靠 1383	闞 1352	刳 0148	關 1107	困 0266	ㄎㄨㄥ
		哭 0234	ㄎㄨㄞˇ	ㄎㄨㄟ	睏 0895	
ㄎㄡ	ㄎㄣ	摳 0288	倌 0102	傀 0094	悾 0081
彄 0440	啃 0237	挎 0544	剴 0156	喟 0245	孔 0348
摳 0544	墾 0297	枯 0652	唱 0494	區 0172	恐 0474
貙 0571	懇 0505	窟 0942	塊 0502	框 0475	控 0484
ㄎㄡˇ	肯 1039	骷 1425	快 0462	框 0656	ㄎㄨㄥˋ
口 0197	頎 1395		膾 0606	匯 0894	
ㄎㄡˇ	齦 1465	ㄎㄨ	獪 0630	曠 0900	控 0548
叩 0067		楛 0674	檜 0689	資 0961	空 0951
叩 0201	啃 0237	苦 1081	澮 0784	頎 1035	鞚 0938
寇 0366	掯 0282	ㄎㄨ	獪 0829	賷 1113	鞚 1386
扣 0522	ㄎㄤ	傺 0261	筷 0953	縅 1411	
彄 1110	庫 0424	庫 0424	膾 1056	饋 1412	ㄏ
釦 1314	康 0905	砼 0905	貴 1113	ㄎㄨㄢ	
彀 1448	慷 0496	搏 1163	郐 1299	寬 0374	ㄏㄚ
ㄎㄢ	糠 0970	酷 1303	繪 1442	瓶 1427	哈 0230
	闐 1347	ㄎㄨㄚ	ㄎㄨㄟ	ㄎㄨㄢˇ	鉿 1322
刊 0140		夸 0319	刲 0148	款 0694	
堪 0289	ㄎㄤˊ	姱 0337	剻 0401		ㄏㄜˊ
戡 0512	扛 0522	誇 1187	悝 0478	ㄎㄨㄣ	
看 0889		胯 0189	盔 0882	坤 0281	阿 0221
龕 1467	ㄎㄤˇ	ㄎㄨㄚˊ	窺 0943	崑 0398	喝 0242
ㄎㄢˇ	仉 1425	侉 0072	蚵 1127	昆 0612	訶 1185

15 爲什麼不宜用注音符號造詞？

　　學注音符號的目的在於「正音」和「識字」，漢字有五萬多個字，但是字音只有一千多個，同音字很多。學生在學習注音符號時，並不認識漢字，如果要學生以一個字音去造詞，恐怕學生誤以為同音字是可以相互使用的。

　　例如：$\frac{ㄒ}{ㄝ}$ ㄧˋ $\frac{ㄒ}{ㄝ}$（歇），老師教學生$\frac{ㄒ}{ㄝ}$的音，然後要學生造詞，學生說：「一些$\frac{ㄒ}{ㄝ}$」、「蠍子」，些、蠍都念$\frac{ㄒ}{ㄝ}$，但不是「歇一歇」的字，這樣容易造成日後寫「別字」的現象，所以教學時，建議不要用注音去造詞。

　　如果教學中為了引起學生興趣，或是想加深學生識字能力，可以在用注音造詞時，同時寫出國字。

　　例如：
老師問：有什麼詞包含「ㄨ」的音？

烏ㄨ鴉　　屋ㄨ子　　汙ㄨ染　　巫ㄨ婆

　　這幾個字的字音相同，但字音形和字義部，在還不認識前，做了練習，將來學生易因同音假借而寫錯字。

16 **書寫注音符號時要注意什麼？**

(一) 注音符號的筆順都依國字的筆順，所以：

ㄓ是四筆

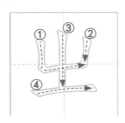

過去ㄓ是三筆，但現在為了合於筆順，要寫成四畫。

ㄕ是三筆

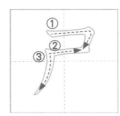

過去ㄕ是一筆寫成，現在則是三筆，才合乎國字書寫筆順。

ㄖ是三筆

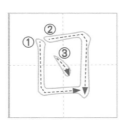

ㄖ是三畫，不是四畫，如果你質疑它合不合國字筆順，答案是：它合乎國字筆順的，因為「母」字的第一、二筆同ㄖ的寫法。

(二) ㄅ、ㄣ的起首豎畫要直一點，不可以寫成一撇。

　　　正確：　　　　　　　不正確：

　　　ㄅ　ㄣ　　　　　　ㄅ　ㄣ

(三) 聲母有勾，例如：ㄅ、ㄉ、ㄌ。
　　　韻母不可以有勾，例如：ㄢ、ㄤ、ㄞ。

(四) 聲調的位置，要放在最後符號的右上角，例如：ㄠˇ ㄙˊ ㄓˋ。橫排的調號，也在最後符號的右上方ㄐㄧㄢˇ、ㄏㄨㄟˋ、ㄨㄢˋ。

17 教學注音符號有哪些輔助方法？

一、用插袋卡輔助

　　教學時有教具輔助，可以收事半功倍的效果。有關注意符號的教具，坊間很多，這裡提供兩種給老師們參考。

(一) 注音符號字卡

如：

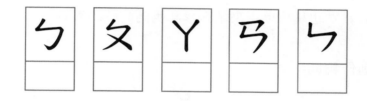

(二) 插袋卡製作

教學注音符號時除了注音符號字卡，插袋卡也是很有用的教具。

1. 將牛皮紙每八公分一摺，然後像摺裙子一般，摺成深八公分的作品。

2. 用一張厚紙板或是薄的三合板，裁成四十五公分寬、四十公分高的平面板做底。

3. 把做好的牛皮紙包起厚紙板。

4. 另一面可以貼上牛皮紙美化它，也可以貼上絨布做魔術粘來使用。

(三) 插袋卡的使用方法

1. 把聲符和韻符分開放在上下不同位置，可以分辨聲和韻的關係。
2. 可以玩遊戲讓學生上臺聽著老師的發音，把韻符正確放在聲符下面。同樣的，也可以讓學生把聲符放在韻符上面。
3. 聲調的位置及正確聲調也可以利用插袋卡，讓學生放入正確的調號。
4. 直接拼讀法教學時，可以利用插袋卡反覆練習。
5. 也可以利用插袋卡講故事。好像一面說故事，一面把故事裡的人物放在插袋裡，以增加故事的生動和趣味。
6. 當然也是可以用來教數學和英語的輔助教具。

二、用動作輔助

ㄚ　　　　　ㄛ　　　　　ㄜ

ㄧ　　　　　ㄨ　　　　　ㄩ

三、用念唱輔助

一一ㄚㄚ，一ㄚ鴨ㄚ鴨ㄚ，

ㄨㄨㄚㄚ，ㄨㄚ娃ㄚ娃ㄚ，

ㄨㄨㄛㄛ，ㄨㄛ我ㄛ我ㄛ，

ㄨㄨㄞㄞ，ㄨㄞ歪ㄞ歪ㄞ。

（用「虹彩妹妹」的樂譜來唱）

學ㄏ

池ㄔ塘ㄊㄤ裡ㄌ

有ㄧㄡ 荷ㄏ 花ㄏㄨㄚ

鴨ㄧㄚ爸ㄅ爸ㄅ鴨ㄧㄚ媽ㄇ媽ㄇ

帶ㄉㄞ著ㄓㄜ小ㄒㄧㄠ鴨ㄧㄚ看ㄎㄢ 荷ㄏ 花ㄏㄨㄚ

游ㄧㄡ來ㄌㄞ游ㄧㄡ去ㄑ笑ㄒㄧㄠ 哈ㄏ 哈ㄏ

練習ㄅ、ㄆ、ㄠ、ㄟ的音

寶ㄅㄠ寶ㄅㄠ吹ㄔㄨㄟ泡ㄆㄠ泡ㄆㄠ

小ㄒㄧㄠ貓ㄇㄠ追ㄓㄨㄟ泡ㄆㄠ泡ㄆㄠ

泡ㄆㄠ泡ㄆㄠ前ㄑㄧㄢ面ㄇㄧㄢ飛ㄈㄟ

小ㄒㄧㄠ貓ㄇㄠ後ㄏㄡ面ㄇㄧㄢ追ㄓㄨㄟ

學ㄍ的兒歌

一一 二ㄦ 三ㄙㄢ 四ㄙ 五ㄨ 六ㄌㄧㄡ 七ㄑ　　七ㄑ 個ㄍㄜ 氣ㄑ 球ㄑㄧㄡ 飛ㄈㄟ 上ㄕㄤ 天ㄊㄧㄢ

一一 個ㄍㄜ 氣ㄑ 球ㄑㄧㄡ 飛ㄈㄟ 向ㄒㄧㄤ 東ㄉㄨㄥ　　一一 個ㄍㄜ 氣ㄑ 球ㄑㄧㄡ 飛ㄈㄟ 向ㄒㄧㄤ 西ㄒㄧ

一一 個ㄍㄜ 氣ㄑ 球ㄑㄧㄡ 飛ㄈㄟ 向ㄒㄧㄤ 南ㄋㄢ　　一一 個ㄍㄜ 氣ㄑ 球ㄑㄧㄡ 飛ㄈㄟ 向ㄒㄧㄤ 北ㄅㄟ

四、用圖畫輔助

老師教注音符號同時，可以找出一些與注音相關的語詞，例如：

教ㄧㄚ可以教「牙ㄧㄚˊ齒ˇ」、「牙ㄧㄚˊ膏ㄍ」、「鴨ㄧㄚ子ˇ」，

教ㄧㄝ可以教「葉ㄧㄝˋ子ˇ」、「椰ㄧㄝˊ子ˇ」等，

然後叫學生把它畫出來，這也是同時教國字的方法，如下圖：

五、用道具輔助

用「小餅乾」排注音符號，或用「棋子」排注音符號，當然老師可以石頭或樹葉排注音符號。

六、用遊戲輔助

1. 眼明嘴快

只要學會三個注音符號以上，就可以一起玩這個遊戲。

(1) 每個小朋友拿三張注音符號卡，兩個人一組，小朋友各自拿出一張注音符號卡，把它反過來放在桌上，不要給對方看到自己卡片上的注音符號。

(2) 老師喊「一、二、三」，小朋友把卡片翻過來。

(3) 小朋友要念出對方卡片上的注音符號名稱，誰先喊出來，誰就贏了。

2. 寫背

「寫背」的遊戲，就是把學生分成三或四排，老師分給每一排最後一個學生一張注音符號字卡，讓學生把字卡上的注音符號寫在前面一個同學的背上，一個接一個往前寫，如此，然後問最後一個學生：「你說是什麼注音符號？」

3. 蘿蔔蹲

先把小朋友分成五或六組，每一組給一個注音符號字卡，然後由其中一組開始喊：

「ㄞ蘿蔔蹲，ㄞ蘿蔔蹲，ㄞ蘿蔔蹲完，ㄝ蘿蔔蹲。」

手上拿著ㄝ注音符號字卡的一組就接著念：

「ㄝ蘿蔔蹲，ㄝ蘿蔔蹲，ㄝ蘿蔔蹲完，ㄛ蘿蔔蹲。」

4. 賓果遊戲

學生畫好九宮格後，讓學生分別填上注音符號（或由老師先寫好不同的九宮格表，表裡填好注音符號），然後老師念注音符號，小朋友表上有的就畫上圈，只要圈圈連成一條線就喊「賓果」，老師給予貼紙或獎勵。

ㄓ	Ⓣ	ㄎ
ㄅ	Ⓙ	ㄆ
ㄍ	Ⓣ	ㄖ

三個注音符號連成一條斜線，也可以喊「賓果」。

ㄩ	ㄛ	Ⓝ
ㄞ	Ⓔ	ㄠ
Ⓝ	ㄜ	ㄨ

5. 打擂臺

先在地板上鋪上有注音符號的塑膠板，把學生分成兩組，站好位置，老師念出哪一個注音符號，學生就踩在注音符號上，誰先踩對，誰就是贏家，就是擂臺主，對方再換下一個人，當然這個擂臺主只能當兩任，就要把位置換給自己隊友了。

ㄅ	ㄛ	ㄨ	ㄈ
ㄍ	ㄊ	ㄖ	ㄕ
ㄩ	ㄜ	ㄦ	ㄑ
ㄓ	ㄒ	ㄎ	ㄢ
ㄞ	ㄥ	ㄠ	ㄋ

6. 火車要開了

老師說：「火車要開了。」

學生問：「誰上車？」

老師說：「『尢』上車。」

手上拿著「尢」的小朋友，就從座位上站起來跟著老師走。

老師再說：「火車要開了。」

學生問：「誰上車？」

老師說：「『ㄦ』上車。」

手上拿著「ㄦ」的小朋友，就從座位上站起來跟著老師走。

等小朋友都跟在老師背後了，老師就可以說：「火車到站了。」

學生問：「誰下車？」

老師說：「『ㄦ』下車。」

手上有「ㄦ」的小朋友就回到自己座位，這樣所有學生都可以陸陸續續回到座位上去了。

7. 撲克牌

以撲克牌「撿紅點」的玩法，可以四個人或五個人一起玩。

每人先發五張牌，牌上寫的是注音符號，如下圖：

上家先抽取下家一張對方的牌，把可以拼音的注音符號排列在桌面上，然後再從桌上未發完的一疊牌中拿起第一張牌，如果還有可以拼音的字卡，再把它拿出來，再翻一張牌，最後誰先把手上的牌拼完了，誰就是贏家。

貳、聆聽教學

插圖繪者：楊麗玲

18 怎樣教學生把話聽完？

「習慣」是一個人內在思想的轉化，好的行為展現在外，就稱為好習慣，好習慣給人有教養的感覺，也受到別人的尊敬。

有許多小孩很毛躁，聽話不專心，常常不把話聽完，就以為自己懂了，這種聽話的習慣不好，將來很容易吃虧，所以從小就得養成「把話聽完」的好習慣。

教學時，老師可以用一些方法矯正學習上的習慣，例如：

(一) 學生不聽完話就搶答，老師可以問他：「你認為老師接著要講什麼？」

(二) 學生不把話聽完就搶答，答錯了，老師可以給點小懲罰，叫學生跟著複述老師的問題。

(三) 老師也可以說一些故事提醒孩子，如果不把話聽完，會有怎樣的後果。

住在森林裡的小猴子長大了，牠決定去看看外面的世界。

小猴子出去看到一隻野狼，野狼看到小猴子不理牠，但是小猴子不知道野狼很凶，就去逗野狼，野狼生氣回頭追小猴子。

小猴子急急忙忙跑回家，跟爺爺說：「剛才我看到野狼，差一點被野狼追上！」

爺爺說：「野狼跑得快，你只能從後面去逗牠，不過……」

小猴子說：「我懂！我懂！」

爺爺還沒把話說完，小猴子又跑出去了。

小猴子在森林裡遇見一匹馬，牠想起爺爺說要從背後逗牠，於是牠就在馬的背後，對著馬的屁股用力一踢，結果小猴子被馬踢倒在地上。

　　小猴子又跑回去找爺爺，爺爺說：「馬的後腳有力，你不能去逗牠。不過，……。」

　　小猴子沒聽完爺爺的話，就說：「我懂！我懂！」

　　過兩天，小猴子在森林裡看到大象，牠又去逗大象。

　　大象生氣了，一轉頭就把小猴摔得四腳朝天。

　　小猴子帶著一身傷，爬著回去問爺爺說：「為什麼我聽你的話，會變成這樣呢？」

　　爺爺說：「每一次，我沒講完話，你就說：『我懂！我懂！』不把話聽完才會吃苦頭。」

　　讓小朋友聽完故事，討論下面的問題：

(一) 小猴子為什麼總是吃盡苦頭？
(二) 為什麼聽話一定要把話聽完？
(三) 如果不把話聽完，會發生什麼事情？

　　老師從講故事中啟發學生，從小建立正確的觀念，對學生會有很大的幫助。

<u>19</u> 怎樣培養孩子專心聽話的習慣？

(一) 教學時讓孩子一面聽故事，一面做動作

老師講故事時，要學生把故事裡的重要角色加上一些簡單的動作，學生只要聽到這個角色，就做這個動作。

例如老師要講：「小紅帽與大野狼」的故事，就讓學生聽到【小紅帽】時，把手放在頭上，做戴帽子的樣子；聽到【大野狼】時，就把手放在嘴邊，像是狼在叫的樣子。

（小紅帽）　　　　　　　（大灰狼）
【1】　　　　　　　　　【2】

森林裡住著一位老奶奶和一個小孫女，這個可愛的小女孩喜歡戴紅帽子【1】，所以大家都叫她小紅帽【1】。有一天老奶奶生病了。

小紅帽【1】戴著她的紅帽子【1】，穿上奶奶幫她做的披風，提著籃子走到了樹林裡。這時有一隻大野狼【2】，正好在樹林裡，大野狼【2】看到小紅帽【1】……

還可以換一個方式，不要用動作，而是用聲音表示，例如：講一個「老虎和老鼠」的故事，要學生聽到老虎就叫一聲【吼】，聽到老鼠就叫一聲【吱吱】。

有一天，天氣很熱，動物們都不喜歡在家裡，牠們紛紛跑到樹下睡覺，老虎（吼）從洞裡出來，牠在一塊大石頭上睡覺，這時候有一隻小老鼠（吱吱），看到老虎（吼）睡得很熟，就爬到老虎（吼）身上……

(二) 我說了幾個「大」字

　　從前有一個人名叫 大 雄，他是家裡的老 大 ，他長 大 以後做了 大 官，他很孝順父母， 大 家都稱他為 大 孝子。

　　師：「請問，老師說了幾個『大』字？」

　　諸如此類，老師可以把括號內的文字改變一下，讓學生專心聽話，再問問題。

(三) 請你跟我這樣說

　　請學生跟著老師說相同的話，老師可以把短語變成句子，再把句子加長，讓學生跟著老師說。例如：

師：一個小女孩。
生：一個小女孩。
師：一個可愛的小女孩。
生：一個可愛的小女孩。
師：一個梳辮子的小女孩。
生：一個梳辮子的小女孩。
師：一個梳辮子的小女孩，坐在草地上。
生：一個梳辮子的小女孩，坐在草地上。
師：一個梳辮子的小女孩，坐在草地上看書。
生：一個梳辮子的小女孩，坐在草地上看書。

　　老師說一句，學生說一句，說話的內容可以由兩個字說到一串句子，越說越長，讓學生專心聽，專心跟著說。

(四) 上課中，老師隨時提問

　　上課中，老師觀察學生的專注力，只要發現學生不專心時，老師可以走到學生身邊拍拍他、提醒他，也可以請他回答老師問題。

　　例如：「剛才老師說什麼？」「請你接著念下一段？」「請問除了老師說的方法，你還能想出什麼方法？」等等。總之，培養學生專心聽話的習慣是很重要的。

20 怎樣讓學生不只是「聽見」，而且「聽懂」？

我們常聽到父母訓誡孩子：「我講話，你聽見了嗎？」

老師也常說：「你聽見老師說什麼嗎？」

其實父母和老師，都不是要學生「聽見」而已，而是要他們能「聽懂」，所以我們要改變問話方式，例如說：「你『聽懂』了嗎？」

【聽見】和【聽懂】是不一樣的。聽見只是知道了【是什麼？】，而「聽懂」除了知道「是什麼」，還會想相關的【怎麼樣】和【為什麼】。

讓我們看看以下的對話：

師　：你看過「柯南」的卡通影片嗎？

生　：看過。

師　：你們知道柯南有什麼本領，可以破解許多奇案嗎？

生　：因為柯南很聰明。

師　：為什麼你認為柯南很聰明？

甲生：柯南他善於觀察，而且可以聽懂別人沒有注意到的部分。

- -

師　：影片中，「阿美說：「我最後聽到董事長說了一句話：『請你把窗戶打開。』」你想，柯南從這句話裡，聽到了什麼訊息？」

甲生：可能天氣很熱，所以要開窗戶。

乙生：可能是屋裡味道不好。

丙生：大概是屋裡有昆蟲在飛，他們想把牠趕出去。

丁生：可能屋外有人叫他們。

戊生：屋裡一定有兩個人以上。

己生：小美個子夠高，可以打開窗戶。

庚生：窗戶是可以打開的。

師　：你們都聽懂了，這句話包括許多層面的意思，這就是柯南比別人聽到更多的訊息。

又如：

老師說：「今天的家庭作業是寫生字五遍。」

學生是聽見：要寫生字五次。但是只有這個訊息是不夠的。因為：

要寫在哪一本簿子呢？

要怎麼寫呢？

是接著寫，還是一行只寫五個字，其他留著空白呢？

如果老師不說清楚，等簿子交來了，可能就有寫在甲本簿子上的，有寫在乙本簿子上的；有字連著寫的，有每行寫五個字又換另一行的。所以要學生思考，老師說要「寫家庭作業」，是否資訊不夠完整呢？要學生思維，要學生發問，這樣才是真的聽明白了。

我們要訓練學生「聽懂」，而不只是「聽見」。

21 **如何培養聽話的好習慣？**

(一) 聽話時，眼睛要看著對方

聽話時眼睛要看著對方，不可以左顧右盼，心不在焉的樣子。尊重對方，才能獲得對方對你的尊重。所謂自尊而後人尊之，自助而後人助之。

(二) 聽話時要有回應

當人家對你說話時，要做一些簡單的回應，例如：點頭、微笑，或是回答：嗯、哦、我知道了。

(三) 對方說錯話了，聽話的人不可以大聲笑

人難免會有說錯的時候，我們聽見別人說錯話，或是發音不準確時，不可以大笑，或是馬上糾正對方的錯誤。

(四) 要一面聽，一面想

聽話要一面聽，一面想著對方說話內容的相關性，或是對方的觀點、說話的語氣、說話的目的等。

例如

☆ 他為什麼告訴我這些？他需要我幫忙嗎？
☆ 他說話時，為什麼這麼生氣？

(五) 聽了再說 —— 讓對方把話說完

聽話時要讓對方把話說完，聽完對方說話，一方面是尊重對方，另方面是不會犯聽一半的毛病。而且要**聽完，才下評斷**。

(六) 聽不懂的地方要問清楚

聽話時對於不瞭解的地方，一定要提出來請教對方，不可以自以為是，或是用猜的。

如果聽得不仔細，想得不周全，很容易出錯的。我們不妨這樣問對方：

☆ 請問你剛才說：「他帶著有色眼光」是什麼意思？
☆ 對不起，我剛才沒有聽清楚，請你再說一次好嗎？
☆ 你剛才說，明天早上九點見面，是嗎？

22 如何尋找聆聽的教材？

聆聽的學習是訓練學生能夠「專注的聽」、「聽了會複述」、「聽懂」、「聽不懂的會發問」，平時老師上課教學時就要隨時提問，訓練學生聽的能力，還可以用下列方式加強聆聽的練習。

(一) 聽同學念課文或是課外書

☆ 上課時請一位同學念書，並請其他同學聆聽有哪些念錯的字音？有哪些句子的語氣表現得很好？或表現得不夠清楚。

☆ 聽到的資訊有哪些重點？

(二) 聽老師或同學說故事

老師說故事時，一邊說一邊問，就可以知道學生聽懂多少，就可以瞭解學生聽話能力。

(三) 聽廣播

上課時，可以放一段廣播給學生聽。聽完了，問一些問題要學生回答，從回答中訓練學生聆聽能力。

例如：聽下列廣播，再問幾個問題，就可以瞭解學生是否真的聽懂了。

> 墨西哥有一種會跳的豆子，這種豆子和咖啡豆一般大小，長得並不起眼。但是只要把豆子放在比較熱一點的地方，或是放在手上用力搓兩下，豆子就會跳起來，可以跳一、兩公分高，還可以跳好幾下，所以許多大人都會買給孩子玩。

其實豆子會跳動的祕密，是因為豆子裡面藏了小蟲。墨西哥有一種飛蛾，春天會在這種矮灌木的花蕊上產卵，卵化為幼蟲後，就會鑽進果實的莢膜裡，這種幼蟲很肥，有時牠會用最後一對腹足鉤住豆子內壁，往上躬身，這樣豆子就會跳個不停。不過，跳豆只能跳兩個月，因為蟲子隨後吐絲結繭，蟲子就會化作飛蛾，咬破繭而從跳豆中飛出來，只留下千瘡百孔的跳豆軀殼。

這種跳豆主要給孩子當玩具，墨西哥有許多小販沿街叫賣，有許多父母買給孩子玩。

1. 什麼叫「長得並不起眼」？
2. 跳豆真的是豆子會跳嗎？是什麼導致豆子在跳動？
3. 跳豆產在哪個國家？你知道這個國家在地圖上的位置嗎？
4. 父母買跳豆做什麼？

(四) 回家聽父母親說故事

為了讓學生學習聆聽，而且多親近父母親，也可以出家庭作業時，請學生問父母親過去的生活。第二天上課時，請學生複述父母親的說話內容。

(五) 放CD或電視DVD

可放一段卡通影片或是電影片段，請學生仔細欣賞後，讓學生敘述所聽到的故事，或回答老師的問題，藉以瞭解學生聽懂多少。

23 如何培養「聽、說」的能力？

　　聽話是一種資訊的輸入，說話是資訊的輸出，要輸入正確的資訊，才能用另一種方式輸出可靠的資訊。生活中有太多需要聽了再說的事情，所以從小就應該多做這方面的訓練，以下幾種方式提供給老師們參考。

(一) 用「傳話」方式訓練聽說能力

首先要知道：傳什麼話？

　　所以訓練傳話，第一步要學生：專心聽、用心想、認真記。

　　傳話是一種「聽後轉述」的方式，在日常生活和工作中運用的很廣泛，可是如果漏聽或誤聽會造成很大的誤會，滋生不必要的事故。

　　聽後轉述的訓練，可以加強學生集中注意力聽話的能力，培養認真負責的態度。

1. 上課時，十分鐘的傳話練習

　　老師發給每一排同學紙條，請同學由第一位傳到最後一位，然後請最後一位同學說出傳話的內容，就可以瞭解傳話的過程和結果了。

例如

　　【下個星期天早上十點鐘，王老師要帶我們班上的男生，去文化中心練習舞獅表演。】

　　老師把寫好的紙條交給第一位同學，然後讓同學往後面傳話，等最後一位同學接收了話以後，再問最後一位同學「你聽到了什麼？」。

　　雖然只有三句話，但是含有好幾個重要的關鍵詞：時間？誰？去哪裡？做什麼？

能把握住句子中的幾個重點，就是一個細心且能記住重要詞語的學生了。

2. 請學生傳話給其他老師

請告訴隔壁班導師，明天下午三點要開三年級導師會議，開會地點在視聽教室。

現在請同學傳話給隔壁班導師。

老師要慢慢地、清楚地講述一遍轉述的內容。如果學生是初次練習，要多說幾次，還要學生複述一次。

傳話要注意以下三點：
☆ 誰讓傳話？
☆ 把話傳給誰？
☆ 傳話的內容？包括：時間、地點、事情。

學生傳去的話應該是：我們導師（誰讓傳話）要我告訴您（把話傳給誰），明天下午三點（時間）在視聽教室（地點），開導師會議（事情）。

(二) 聽後複述法

這是一種【先聽後說】的訓練方式，可以先聽一句話、一段話，也可以先聽一個完整的故事，再敘述。

聽後複述法，不僅能訓練學生聽話和記住的能力，而且還能培養連貫地組織語言的能力。因為不受課文的限制，可儘量選擇生動、有趣且能啟發學生思考的材料，例如：

1. 報上的消息：老師說一段報紙上的消息，讓學生聽了後複述。
2. 聽一段廣播：要學生聽了廣播後，複述所聽到的內容。

24 怎樣做「聽、寫」的訓練？

「聽寫」顧名思義，就是要學生一面聽，一面把聽到的內容寫下來。這種訓練方式不但可以訓練聽話能力，還可以訓練寫字能力。

「聽寫」它是由教師口述一句話、幾句話或一段話，學生聽了以後把內容寫下來。這可以訓練學生注意力集中，而且訓練記錄話語的能力。

(一) 聽寫「語詞」

老師在教完一課課文時，可以念新語詞給學生聽寫，對於較難分辨的語詞，可以用誇張的語氣讀出來，以便學生一面聽、一面寫。

例如

誠實、實在、真誠、答應、負責、責任、認錯、約定、遵守、投機取巧

(二) 聽寫「句子」

教師先訓練學生逐詞聽寫，然後再逐句聽寫。學生聽完後，一般要求照原文寫，不得加字、減字。

例如

誠實就是實實在在的做人和做事。
答應人家的事就去做，這就是負責的表現。
與人約定了就要遵守諾言。
做事不要投機取巧，投機是不誠實的表現。

(三) 聽寫「一段話」

這種聽寫訓練能高度集中學生的注意力，增強學生的記憶力和理解力。

舉例：先讓學生聽一段話，老師再說一句，學生寫一句，老師控制時間，可以看出學生聽寫程度。

> 例如

誠實的孩子，做事實實在在，不管做什麼事，都確實的把它完成。而且做事時，不論有沒有人看見，都會照規定去做，絕不投機取巧。

(四) 聽後，寫出聽到的主要意思

老師敘述一件事或一則小故事，不要求學生把聽到的內容都寫下來，而是經過思考以後，用連貫的語言將主要的意思寫下來。一般在高年級，可以做這方面的訓練。

聽寫訓練，低年級可以從聽寫詞語，到聽寫整句；中年級訓練學生聽記一段話；高年級可適度提高要求，聽記一段較長的話或一篇短文。

「聽寫」的內容，可以不受課文的限制，由教師自編或選編都可以，但必須是學生能夠理解的句子與語詞。

25 如何指導學生聽出語病？

語病就是講話不合邏輯。

我們有時聽到他人說話會有語病，就是說得不清不楚的。如果「聽」的時候不能聽出語病，或是聽不懂就算了，養成這樣的習慣，對孩子未來與人溝通會有阻礙，所以我們在上說話課時，就要訓練孩子語言的辨析能力，這對語言表達有很大的幫助。

聽辨語病的練習，主要應在平時語文教學中隨機進行。我們常聽到學生說話不完整，這表示有語病。例如：有沒有主詞；敘述前後關係是否矛盾，是否重複、顛倒；內容是否符合實際等。

例如

1. 錢掉了，就大發雷霆，誰欠誰的啊！
   （沒頭沒腦的，沒有主詞，沒有時間、地點，沒有事情原委。）
2. 星期天我和阿花去海邊玩，不久我們三個人跑去游泳。
   （明明只有兩個人啊）
3. 昨天我和阿美一起去看電影，阿美去百貨公司買了一件漂亮的泳衣。
   （邏輯上有問題）

下面的句子哪裡不完整：

☆ 車撞在一起吧。（沒有主詞）

☆ 我看到兩輛車撞在一起。（加上地點更好）

☆ 今天早上，我在上學的路上，看到兩輛車撞在一起。（這一句才是完整句子）

26 怎樣教學生察言觀色？

察什麼「言」，觀什麼「色」

古人說：「出門看天色，入門看臉色。」與人交談，「察言觀色」一直是父母訓示孩子的話。我們在聆聽教學中，也要訓練學生學會察言觀色的能力。

察言：是聆聽的能力。

觀色：是判別對方情緒的方法。

「察言」的方法要認真聆聽

1. 聽內容

聽說話者所表達的內容，也許是敘述一件事，也許是說一個道理，也許是說明一個觀點。

2. 聽語氣

人的語氣會受環境所影響，我們可以從說話者聲音大小、快慢；語氣的和緩、急促，來觀察說話者的內心世界，這就是「察言」的能力了。

3. 聽出弦外之音

聽話時，要能聽到語言中的邏輯性和弦外之音。有時「語序」不同，句意也不同，聽話可得聽仔細了。

例如：「如果可以選擇，我會重新開始。」這表示對方做錯了什麼，他有了悔意。「你有沒有聽錯？」表示對方不相信你說的話。

「觀色」的方法要看對方眼神和動作

「觀色」就是看說話者的臉色，聽說話者的語氣。一般人的情緒都會自然地反映在臉上，我們能細心看說話者的臉色，可以知道自己該說什麼話，什麼話又不該說，說話有分寸就會受到別人的喜愛。

那麼觀色要觀什麼呢？
我們要觀察說話者的表情、動作和眼神。

說話內容、神情，與一個人的修養有直接關係。一個人心裡想什麼，往往不經意地從眼神、表情、動作上顯露出來，所以聆聽時，眼睛要看著對方，這時你可以直接觀察對方的眼神是不是友善，臉上的表情是不是誠懇，如果眼神飄忽、動作急促不安，就要多加小心了。當然孩子還小，缺乏經驗，老師可以像說故事一般，提醒孩子，這也是不錯的教學法。

參、說話教學

插圖繪者：楊麗玲

27　怎樣讓聲音悅耳動聽？

　　每個人的聲音有不同的頻率和音質，音質是天賦的，有的人溫柔動人，有的人粗獷沙啞，然而音色因人而異，但透過訓練，還是可以使聲音變得悅耳動人。

　　一般說話要好聽，得注意下列幾點：

(一) 音準 —— 發音的準確度，就是語音的清晰和標準

　　說話含糊不清，除了生理上的缺陷，另有兩個原因：一是口形不正確，阻擋氣流的方式不對；一是發音時偷工減料，沒把字音發完整，如ㄠ、ㄞ等尾音沒有發出來，語音也會混濁不清。聲音清晰準確，可以使聽者悅耳。

(二) 音量 —— 聲音的大小

　　說話聲音太大，聽的人如雷貫耳，很不舒服；說話聲音太小，對方又無法聽清楚，不知所云，這都不是說話的好習慣；說話聲音要使聽的人聽到，聲音適中，就會悅耳。

(三) 音強 —— 說話的語氣

　　人在說話時，會隨著情緒波動，聲音的強弱也會跟著變化。語氣太強、速度又快，就像在吵架；聲音太弱、有氣無力時，給人沒信心的感覺。所以，聲音的強弱要隨著語氣呈現，一般以輕柔的聲音較受到歡迎。

(四) 音速 —— 說話速度的快慢

　　說話速度慢，聽的人容易不耐煩；說話速度太急促，又不容易聽清楚，適中的音速，也會是聲音悅耳的因素之一。

　　老師在上國語課或說話時，可以利用課文深究問答方式，讓學生有更多的說話機會，老師也要隨機教學，注意孩子說的音準、音量、音強和音速，讓每個孩子都成為說話好聽、令人喜愛的好孩子。

28　怎樣訓練適當的說話語氣？

「語氣」是說話時聲音的高低起伏，讓聽者可以由聲音中感受說話者的心情。

首先，認識語氣受哪些因素影響：

(一) 語氣來自說話者聲音的高低、速度的快慢

語氣是說話時，表達各種不同思想情感的口氣。說話時，要自然地把自己的感情表達出來，這是對說話訓練的較高要求。其實，不少兒童能善於運用各種語調、語氣，生動地講話或與人交談，老師要給予鼓勵。

說話輕輕柔柔的，自然顯得和氣；聲音高亢急促，自然是語帶怒氣，所以，如何說得「不急不緩」、聲音「輕柔動人」，也是一種修養。

表達意思的句子，有長有短，短句子可以一口氣說完，長句子有時要稍加停頓再說下去。說了一句話、或一段話時，也要停頓一下再繼續說。這樣好讓說話的人歇口氣，也讓聽話的人有時間來體會、記憶所聽到的內容。「停頓」使語句或語句之間有間歇，可以使語氣更好，因此，指導說話時，要提醒學生注意適當的停頓。

(二) 語氣來自於所使用的語詞

同樣的意思，用詞不同，聽起來語氣就不一樣，例如：

「記住，不要說謊，說謊別人就不想和你做朋友了。」

「你給我記住，再說謊你就沒有朋友了。」

「每一個人都不喜歡被騙，你說謊就是騙人，別人會不高興的，所以我們都不可以說謊。」

以上幾句話表現出不同的情緒反應，自然會出現不同的語氣。第二句用詞令人聽了不舒服，那是因為用了不好的語詞，產生不好的語氣。

　　另一種是由於在語言中所添加的語詞不同，而表現出不同的語氣。

例如

> 大姐：喂，小弟，有人打電話找我，記得「給」我記下號碼。
> 二姐：喂，小弟，「麻煩」你替我接電話，如果有重要的事，「請」幫我記下來，或是記下他的電話號碼，好嗎？

你若是那個小弟，聽了上面兩個姐姐的話，哪一句比較入耳呢？
◎下面這兩組對話，你是不是覺得聽起來很舒服？

> 曉華：你樂意將零用錢捐獻出來，妳的愛心真令人感動，我應該多跟你學習。
> 淑玲：這沒什麼啦，我相信大家都很有愛心，只是都沒有表現出來而已。

> 孟爵：你今天看起來乾淨整齊，我們很喜歡你現在這個樣子，很酷哦！希望你以後繼續保持這個樣子。
> 大凱：OK。

(三) 語氣來自個人的修養

　　一個人說話的語氣最可以反應個人的修養，修養好的人總是說話客氣有禮，語氣溫和；脾氣暴躁的人總是說話急躁，語氣較衝動。我們要培養優秀的孩子，先要培養孩子凡事為對方設想，說話不要傷害人，讓人聽了難過，這就是好修養的開始。

例如：兩人相撞，修養好的人，覺得是自己不小心，才會造成兩人相撞，於是就向對方說：

> 對不起！撞到你了，有沒有受傷？

　　修養差的人，總認為凡事都是別人的錯，於是會說：

> 你幹嘛站在門口擋路，害我撞到你。

　　下面有三組對話，你看哪幾個人有修養，你喜歡誰？你會和誰做朋友？

例1

> 小安：小華你跌倒了，對不起！對不起！是我自己不小心，害你跌倒了。
> 小華：沒有，是因為我們在走廊上跑步，才會跌倒的。
> 小華：走！我們一起進教室吧！

例2

> 小立：你沒長眼睛啊！把球踢到我身上了。
> 小英：是你自己跑過來，才會被球打到啊！

例3

> 小偉：哇！好痛啊！你一定是故意的，我要去跟老師說。
> 小雄：是我不小心把球踢到你那兒的，是我的錯，你別生氣，對不起！

(四) 訓練語氣的方法

1. 從朗讀課文訓練說話語氣

課文裡有許多對話，學生可從朗讀課文中學習說話者的語氣。

例如

（聲音難過）

蝴蝶遇見一匹黑馬，蝴蝶就問黑馬：「為什麼大家都不喜歡我，是不是我不漂亮？」

（聲音慢一點）

黑馬看了看蝴蝶，說：「你很漂亮，可是美不美，不在它的外表，而是要能做事的，才是真正的美麗啊！」

（加強語氣）　　　　　（聲音揚起）

2. 從演出中，訓練說話語氣

練習讀劇本，讀出故事裡角色的性格和說話的語氣。例如：

兒子：爸爸年紀大了，視線又模糊，常看不清楚東西。（同情的聲音）

媳婦：是啊！耳朵又重聽，說什麼他都聽不清楚。（聲音提高，不屑的語氣）

兒子：什麼「重聽」？你說吃飯了，他都跑第一的，不信你喊喊看。（不相信的語氣）

媳婦：爸爸、小寶（大聲），快來吃飯喔！（親切喜悅的聲音）

老爸爸：（抖抖顫顫的走過來）吃飯了嗎？（說話慢）

兒子：（低笑）你瞧，爸爸不是聽見了嗎？（嘲笑的語氣）

老爸爸：兒子，我肚子已經餓了。（說話有氣無力的樣子）

小寶：（快跑過來）我肚子也餓了，而且餓得扁扁的。（語氣快而誇張）

媳婦：好（拉長聲音），我的心肝寶貝，快來吃飯吧！（聲音揚起）

3. 隨機教學

老師隨時注意學生說話語氣，並且隨機教學，要求學生說話要慢、要清楚、要平和。

29 怎樣把話說清楚？

　　人與人之間偶而會造成誤會，這常常是發生在說話不夠清楚的狀況下，例如：「明天我們在車站見面。」這句話裡沒有講「時間、地點」，到底是幾點鐘？在哪一個車站？如果不說清楚，每個人猜想的結果都不一樣，那就產生誤會了，所以「把話說清楚」是很重要的。

(一) 怎樣把話說清楚

1. 要有主詞（誰）、時間、地點、事情始末

　　說話時要清楚是「對誰說」、「說誰的事情」，對話時「誰（人物）」是很重要的關鍵詞。此外，說一件事情發生的時間也是很重要的，把時間瞭解清楚了，才不會前後矛盾。其次是事情發生的經過，怎麼開始的，中間有哪些過程，如果都能說清楚，那就是很好的語言表達能力了。

2. 不要忽略了細節

例如

有一個人問路：「小朋友，請問怎麼去中山國小？」

下面幾種回答，哪一種說清楚了？
甲：「前面右轉。」
乙：「你從這條路一直走，到了第二個紅綠燈再右轉，就可以到了。」
丙：「在路的那一邊。」

3. 重要的部分不妨再複述一次

在傳話或交代事情時，對於重要的部分，不妨再複述一次，如：

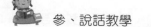

時間、地點等。例如：老師說「下星期三 早上 八點」在「校門口」
集合。

4. 說話要慢慢說、要有停頓，而且要一面想、一面說

例如：昨天　　我去歷史博士物館　遇見　好久不見的同學。
　　　（時間）（人物）　（地點）　　　　　（事情）

(二) 設計一些情境，要學生練習對話

例如

1. 問路

老師提供一張地圖，問學生要去某一個地方應該如何走，請學
生拿著地圖回答問題。

提醒學生要說清楚向左轉，或向右轉，要經過幾個路口。

2. 傳話

要學生把話傳給另外一位同學，注意，要「把握重點」，不要
遺漏部分，如時間、地點或順序。

3. 購物

老師要學生去買一件物品，觀察學生如何向老闆詢問「類
別」、「價錢」、「使用方法」等。

4. 購票

老師要學生購買活動中心的演出戲票，觀察學生如何去購票。
聆聽學生是否說出「哪一場」、「幾張票」、「一張票多少
錢」等。

5. 送東西給鄰居

老師要學生送「一塊年糕」給鄰居，觀察學生如何說明東西的
來處和送給對方的原因等。

30 怎樣教學生說話條理分明

(一) 我們常聽到學生說一些沒頭沒腦的話，說話不清楚，會影響孩子未來溝通的能力

例如

小方放學回家對哥哥說：「今天大家都對著小強笑。」

哥哥問：為什麼？

小方：小強在哭啊！

哥哥：他為什麼哭？

小方：他跌倒了。

哥哥：小強跌倒了，為什麼你們會笑？

小方：哦，他跌倒了，臉上沾滿了青草，好像長了鬍子一樣，很好笑。

上面是一問一答的說話方式，我們不要這種擠牙膏的說話方式，而是要能說出一段完整的話，所以我們要訓練學生說出完整的話。

例如

「今天小強下課時去操場玩，不小心跌倒了。當他爬起來的時候，臉上沾滿了青草，好像長了鬍子一樣，看起來真好笑。」

我們常聽到學生的對話，又犀利又敏捷，但是要他們說出「一段話」，學生就感到困難了。

(二) 訓練學生說完整的句子，可從以下方面著手

1. 教學時，避免一問一答的對話

要學生把話說清楚，不要用一問一答的方式，老師可以用「然後呢？」來引導他繼續說下去，或者老師說：「我聽不懂，請你再說清楚一些好嗎？」儘量讓學生修正自己的語言，把一段話說完整。

2. 要學生複述老師說過的話

如果問話，學生回答得不理想，在老師修正了學生的話語以後，要學生複述老師說過的話，學生從複述中就可以學習較完整的話語。

3. 要學生說話時可以說得具體一些

例如

學生說：老師很漂亮！
老師就要學生說具體一點，例如說出：哪裡漂亮？
學生也許會說：「老師，你今天穿紅裙子，好漂亮哦！」

又如：
小方一回家就對媽媽說：「李阿姨說：『今天會停水。』」
媽媽問：「停水？什麼時候停水？要停多久？」
小方一臉疑惑。
（不具體，因為沒有說出停水時間。）

4. 說話時不妨加上譬喻

例如

☆我看他跑得好慢，就像是烏龜在走路一樣。
☆她穿了一件黃衣服，好像小雞羽毛的那種淡黃色。
☆如果我長得像班長一樣高，媽媽就不會整天叫我運動了。

5. 平時聽到有趣的話,要隨時記住它、學習它

　　相同的一句話可以有多種說法,所以平時聽到別人說話,要把自己認為還不錯的句子記起來。

例如

「他急得一時說不出話來。」

「他很急,急得說不出話來。」

「他很急,急得直跺腳。」

「他急得頭上直冒汗。」

「他急得哭了。」

「他急得像熱鍋上的螞蟻一樣團團轉。」

31　怎樣鼓勵學生說話？

(一) 建立孩子的信心

　　孩子不開口說話的原因很多，很大的原因是缺乏信心。有自信的人敢於表現，不怕說錯話，自然樂於分享；沒自信的孩子就怕說得不好，不敢開口，所以訓練說話能力，培養信心是重要的課題。

　　針對學生因為缺乏信心而不敢開口，老師要有耐心地加以啟發誘導，透過安慰和鼓勵來幫助他。在教學上老師要不斷地對學生說：「說錯了，沒關係。」學生說錯了，依然要面帶微笑來鼓勵學生。

　　有時老師要有耐心告訴學生：「不要緊張，站好後慢慢說，我相信你能說得很好的。」

　　有時老師可以上前摸摸學生的頭，輕拍學生的背，給予鼓勵。但男老師可得小心這些肢體動作。

(二) 用漸進法使孩子開口

　　對不敢發言的同學，先用「是非法」、「選擇法」和「問答法」鼓勵學生發言。

1. 是非法

學生只要回答「是」或「不是」。例如：
剛才老師講的故事，是不是「醜小鴨變天鵝」？

2. 選擇法

要學生回答是哪一個答案，例如：
剛才老師講的故事是「醜小鴨變天鵝」？還是「青蛙變天鵝」？

3. 問答法

學生要依據老師問題回答完整的句子，例如：

剛才老師講的故事是什麼？

教學總要循序漸進，一步一步的改變他們，只要他們肯開口，就容易指導說話能力了。

(三) 用暗示法提高孩子說話的信心

當學生說話不合要求時，老師不要直接用語言來指點，而是用有趣的手勢和表情，讓學生接受暗示，自覺錯誤在哪裡，改正不足之處。例如：老師故意歪著頭，表示想一想應該怎麼說？拉著耳朵，做出聽不清楚的表情，要學生提高嗓門。學生左顧右盼或身體搖晃，老師可故意把身體站正，並指指自己的眼睛，這時學生便意識到，即時改正缺點。有時老師也可輕輕走過去，拉拉他的手，扶正他的身體，學生感到十分親切，樂意接受這種提示。

(四) 一分鐘的說話練習，可以增進說話能力

讓學生有機會說一分鐘的話，老師在黑板上寫出說話的主題和內容，然後和學生討論出大綱，老師把綱要寫在黑板上，讓學生照著黑板說五句到十句話就很不錯了。例如：

【我的好朋友】

☆我的好朋友是誰？

☆他長得怎麼樣？

☆他有什麼優點？

☆我和他一起做什麼事？

(五) 每天三分鐘，讓三個同學說見聞

每天利用時間，讓學生講講昨天所做的事；或從報紙上找一個小問題，要學生說一說他們的看法；或是看一張小圖片，要學生觀察以後，再介紹圖片中內容。

說話時要學生「放膽說」，開始練習說見聞，老師不要加任何限制，要學生放膽講，講他們所喜歡的事，或是想要告訴別人的事。

32　怎樣培養說話應有的禮貌？

(一) 傾聽是培養說話的第一步

1. 別人說話時要尊重和傾聽，等到你說話時，別人才會聽你說話。
2. 是不是該你說話了，別搶了別人的話，打斷對方的話是很不恰當的。
3. 聽話時，眼睛要看著對方。

(二) 說話時，要「尊重」聽者的心理感受

1. 說話時注意別人的感受，要為對方設想，不要說出讓對方難過的話。
2. 對於別人不喜歡聽的議題，要暫時停下來，以免破壞氣氛。
3. 自己要表達意見，也要聽別人的意見。

(三) 注意自己的立場

說話時一定有聽話的人，我們要注意到自己的立場，小孩要覺知自己是小孩，所以更要有禮貌，更要謙虛。

說話時要多用「請、謝謝、對不起」，而且要注意到語氣的溫和清晰。

(四) 開口前要想了再說

古人說：「病從口入，禍從口出。」說話時想了想再說，可以避免不必要的錯誤。中國字「誠」和「信」都有「言」，所以誠信都和說話有關，這表示說話要小心，要先想一想再說。例如：

1. 不可以告訴別人自己都不清楚的事情。
2. 不可以隨便答應別人，自己做不到的事情。
3. 不可以在背後談論別人的是非等。

33　怎樣指導學生「看圖說話」？

(一) 看到什麼？

1. 仔細觀察畫面，說出畫面由哪些人物所組成，人物各有什麼特點。
2. 「看」出圖畫中的時間、地點，人與人之間的關係，人與物之間的關係。
3. 理解圖與圖之間組成部分的關聯性。認識圖與圖之間的時間和空間的轉換、事物的變遷等。

(二) 怎麼練習看圖說話

1. 試說

用問答方式，先問學生：「看到什麼？」要求學生先能說出：「誰在什麼地方做什麼？」再一問一答，把整張圖的內容說出來。

2. 擴說

把一張圖看成動態的。

先把人的衣著、表情、動作說出來。

再利用想像，把表情、動作背後的情境說出來。

3. 連貫說

將第一張圖到最後一張圖的故事情節說出來，當然要添加一些想像，把圖畫上沒有畫出來而與故事相關聯的情節說出來，這樣就完整了。

利用以上的技巧，再試著把圖的某一張以反面呈現，要學生想像這張圖的內容。

1. 在一個怎樣的天氣裡。
2. 豬小弟和熊大哥正……享
　　受……，這時候草地……
　　河流……。

1. 過了不久，豬小弟和熊大哥帶
　　著兔妹妹來到……。
2. 他們發現這裡變了，草
　　地……，河裡有……，而且到
　　處飄著……味道。

1. 他們在做什麼？
2. 他們想到什麼？

1. 豬小弟蹲在……想什麼？
2. 熊大哥坐在……看著什麼？
3. 這時他們的心情怎麼樣？

34 如何用繪本加強說話練習

　　繪本是圖畫很多，而文字很少的書，它主要是讓讀者從圖畫中培養相像能力和表達能力。特別是從繪本培養學生說話能力。

(一) 從觀察回答問題

　　從書的封面，你看到了什麼？

　　書名是《前面還有什麼車？》

　　（文：哲也；圖：劉貞秀；小魯出版社發行）

　　要學生從書名想像這本書在說什麼？

　　要學生看著書說出作者、插畫。

　　要學生從圖畫中說出這會是怎樣的一本書，下面的孔龍車和蝸牛車怎麼回事？

(二) 從想像中充實內容

讓學生先看圖，再問學生：你看到了什麼？

1. 圖畫有八輛車，每一輛車顏色不同、形狀不同、功用不用、就這張圖，已經可以有很多討論空間，所以要學生仔細看，盡情的說，當然老師引導學生一輛一輛車講，不要跳著講，或是一輛車還沒有介紹完就忙著下一輛車了。

2. 書上有簡單說明車的名稱，如果學生不知道車的名字，老師可以一面看書中名稱一面介紹。

3. 這兩頁的最後一句話是「前面還有什麼車？」這也是這本書的重點，老師先讓學生想一想還有什麼車?再翻到下一頁。

(三) 用朗讀繪本內容，訓練說話

1. 看繪本主要在練習說話，所以要學生說出完整的話。

例如：我看到一輛馬車，有一個戴著高帽子穿著長外衣的人駕著馬車。

我看到一個戴著紅帽子的司機開著採訪車，他要去採訪新聞了。

2. 如果繪本裡有對話，就要學生把對話多念幾次，還要揣摩說話者的語氣。還可以請學生角色扮演，演出繪本裡的對話。

　　看圖說話是低、中年級很好的課外教材，它可以是說話練習的教材，也是閱讀的教材，教師值得常用繪本教學。

　　例如《前面還有什麼車？》的繪本，最後創造出了孔龍車、蝸牛，接著老師可以讓學生畫出心目中的車子，並說明這種車子的乘坐方式等。

35　怎樣說故事才動聽？

(一) 說故事要「加油添醋」

有些故事很簡單，也許三、五分鐘就把它講完了，為了讓故事更生動有趣，老師不但要慢慢講故事，還要以加油添醋的方式講故事。

例如：龜兔賽跑（這是原始故事的開頭）

有一天天氣很晴朗，森林裡的動物都想在這麼好的天氣裡出來晒太陽。獅子出來了，接著山羊出來了，兔子也從洞裡出來，連烏龜都從池塘裡爬出來，也想在陽光下舒展筋骨。

下面是「加油添醋」以後的開頭：

最近一直下著雨，天氣陰沉沉的，終於有一天，天氣放晴了。太陽高高的掛在天上，溫暖的陽光照在大地，植物們都伸展著雙臂，迎接陽光，動物們也紛紛從洞裡跑出來晒太陽。

第一個出來的是獅子，獅子跑到大石頭上，趴在大石頭上晒太陽，接著山羊也出來，山羊站在草地上，伸長脖子晒太陽。兔子一蹦一跳的從洞裡跳了出來，這時有一隻大烏龜從池塘裡慢慢地爬出來。他們都在大白天裡出來晒晒太陽舒展筋骨。

當老師用加油添醋的方式說故事時，也容易有動作表情來加深說故事的生動性。

又如：安徒生童話「醜小鴨」中的一段，用了詳細描繪的方式使

故事更生動。

　　有一間茅屋，屋裡住著一個婦人、一隻公貓和一隻母雞，這隻被女主人叫作「我的小兒子」的公貓，很會討主人的歡心，牠會拱起背來喵喵叫，而且如果逆向撫摸牠的毛，牠的皮毛還會發出火花。母雞的腳太短了，所以牠被叫「短腳母雞」，但牠很會生蛋，女主人把牠當作自己的孩子一般疼愛。到了早晨，這個陌生客被發現了，公貓開始喵喵叫，母雞也咯咯地叫著。（安徒生童話醜小鴨）

（二）說故事要「一邊說、一邊問」

　　老師可以講一部分故事，先暫停一下，問幾個問題，再接著講。例如：「龜兔賽跑」的故事。老師說了一段，就停下來問學生：

☆「老師的故事裡出現了幾種動物？哪幾種？」

☆「獅子到哪裡晒太陽？」

☆「兔子從哪裡出來晒太陽？」

☆「兔子和烏龜走出來的樣子一樣嗎？」

（學生回答了問題，老師再繼續講故事。）

　　兔子看見烏龜走路的樣子，打從心裡看不起牠，就從牙縫裡擠出一點聲音，冷冷的對烏龜說：「烏龜老弟啊！你可是世界上走路最慢的傢伙。」烏龜看了看兔子，一句話也沒說，繼續往前走。烏龜不理兔子，兔子有些生氣了，就跑到烏龜面前，對烏龜說：「你聽到了嗎？你是世界上走路最慢的傢伙。」

　　講了一段，老師再停下來問：

「兔子看不起烏龜哪一點？」

「兔子為什麼生氣？」

「從哪一句話裡可以聽出兔子生氣了？」
（學生回答了問題，老師再繼續往下講故事。）

　　烏龜不甘示弱就對兔子說：「我雖然走得慢，但是我也可以很
快到達我要去的地方。」
　　「你說很快？」兔子輕視的說。
　　「當然！」
　　「那你敢和我比賽跑步嗎？」兔子對烏龜說。
　　「可以的。」烏龜很有自信的回答兔子。
　　於是牠們要開始比賽了。

　　老師講一段故事以後，停下來問：
　　「請問是誰說要比賽跑步的？」
　　「兔子為什麼敢說要比賽？」
　　「你敢和我比賽跑步嗎？」這句話的語氣要怎麼表現才好？
　　如此又聽又說的練習，學生較能專注聆聽老師說故事，老師也可
以藉著故事提高學生的說話能力。

(三) 說故事時，「表情、動作要誇張」

　　老師說故事時聲音要有強弱、高低、快慢的情緒表情，手足、身
體也要有誇張的動作，老師講得很傳神、很投入，一定可以吸引學生
的目光。說故事時要把關鍵句子重複說，或要學生跟著說，如此才能
達到語文學習的目的。

(四) 「加上圖片和教具」，使故事更為生動

　　老師說故事時，加上圖片或教具，可以使故事更生動，例如：運
用插袋卡；老師身上穿上圍裙，圍裙有口袋；用紙偶、布偶等。老師
一面說故事，一面使用教具，讓故事不只是用聽的，也可以用看的，
藉此增加趣味性，達到聽、說的效果。

36 **如何指導學生「討論」？**

　　「討論」是腦力激盪的重要方法，課堂討論是學生在教師的引導之下，為解決某個問題而進行探討的教學方式。討論也是培養民主觀念，提高說話能力的方法。

　　討論與演講不同，討論可以讓學生積極從事學習活動，一方面可以解除心中的疑問，一方面可以在討論中激發更多的思考。當你在小組中提出一個新的想法時，也會觸動他人的思想火花，有如爆竹一樣產生連鎖反應。

　　對於課文內容的深究，可以透過討論，增加知識的獲得，建立正確觀念和培養情操。要學生「討論」，先要有兩方面的準備，一是「論題」，一是「資料」，所以要學生在課堂討論，必須在事前把議題給學生，並且告訴學生從哪裡去找資料。

(一) 提出討論主題

1. 從課文的重點、特點或難點上去找題目。
2. 從課文裡的知識性或情意性，提出相關問題。
3. 從課文中或是生活中容易混淆的觀念上找問題。

※注意事項

1. 題目不宜多，三、五題就足夠了。
2. 題目要適中，不要太難，小朋友只要訓練他們思考和表達就很不錯了。
3. 與學生生活相關的問題。
4. 題目必須是有思考性的，且值得討論的問題。

例如

「為什麼會……」

「怎麼樣才可以……」

「如果是你，你會怎麼做……」等

(二) 用分組討論的形式

　　全班一起討論，老師容易管理班級秩序，但是全班一起討論，常發生只是好幾個學生在說話，而大部分學生沉默不語，不然就是各自說話，使得班上秩序大亂，所以「分組討論」是個好方法，同學一組約四到六個人，由同學輪流當主持人，等討論結束了，老師再分別指定某一號同學上臺報告，如此每一個學生都有說話的機會。

※ 注意事項

1. 自由聯想不要有限制，沒有限制的討論，才能充分發揮個人的想法。

2. 討論時要一個接著一個的發表意見，意見多多益善。

3. 不許私下交談，要針對題目重點發揮，抓住重點才不會天馬行空。

4. 禁止批評，在討論中絕對禁止批評，即使是錯誤的、幼稚的、荒謬的，也不能批評。

　　分組討論時，桌子、座位可以排列成如下形式：

四人一組　　　　　六人一組　　　　　七人一組

(三) 做綜合報告

學生討論結束了，老師要學生上臺報告，這時要公平的請學生輪流上臺報告，如果講得不夠理想，同組的同學可以幫忙補充。

最後老師講評時，要具體的說出報告者的優劣，讓同學有學習的機會。

例如

1. 報告者是否針對問題內容報告

某組同學說出了　　　，還說了　　　，把這次討論主題說明得很清楚。

2. 內容是否清晰

某組同學利用條列的方法呈現，把討論結果分成三點，先說了　　　，又說了　　　，再說了　　　，說明得很清楚。

3. 語言用詞是否妥當

你們有沒有注意到某同學用了　　　、　　　幾個成語，歸納了題意，很好！

4. 可以給點建議

老師建議，下次同學在討論前可以多找一些資料，多利用工具書等。

老師不要只說：「講得很好。」「講得不錯，大家給他鼓掌。」老師的語言，才是學生在一節課裡，真正要學習的地方，所以老師的講解要具體而清楚。

37　課堂如何指導「演講」？

(一) 演講是「演」和「講」

「演」是說話的表情，指聲音的表情，臉部和四肢的表情。

「講」是說話的內容。

演講是比較困難的說話方式，一方面是說話的內容要豐富，一方面是面對眾人，心裡難免緊張。但是有了較長時間的說話訓練以後，說話能力將會大大的增加，語文能力也會隨著提高。

(二) 首先訓練簡短的演講

1.「請學生，上臺說出五到十句話」

老師要學生上臺，針對一個小題目說五句話。

例如：母親節快到了，請同學上臺對媽媽說五句話。

(1) 我的媽媽每天幫家人做很多事，我早上起床，就看到媽媽在廚房準備早餐，媽媽很辛苦，我要感謝她。

(2) 媽媽，你每天要去外面工作，回家還要煮飯給我們吃，照顧我們，媽媽我愛你，祝你母親節快樂！

2.「用五句話說拿到考卷的心情」

(1) 今天要考國語，昨天晚上媽媽幫我複習了兩個小時，當我拿到考卷時，看到題目都很簡單，我想我一定可以考得很好。

(2) 今天要考試，我打開試題一看，完了，因為題目很多，而且看起來很難，我想我會考不好了。

又如，「用幾句話形容你喜歡的老師」等等。

(三) 訓練一分鐘的演說

　　一般來說，一分鐘的講稿大約是一百六十個字，約略是十五句話左右。如果學生已經練習了五到十句話的演說，再來練習一分鐘的演講也就不難了。

　　教師訂定演講主題：
1. 有一天早晨
2. 回家以後
3. 媽媽的手藝
4. 爸爸帶我去吃飯
5. 在外婆家
6. 我的好朋友
7. 如果我是警察

　　一分鐘開始時，老師要有提示。
　　例如：第七個題目「如果我是警察」，老師可以先提示，要學生說出：看到警察的工作情形（把看到的仔細說清楚）；其次要說：如果我是警察，我會做些什麼事情？
　　一分鐘演說進行時，老師要拿計時器，認真的為學生計算時間，每個學生一分鐘，時間到了就按鈴，讓學生下臺，時間還沒有到，老師可以問些問題，把一分鐘用完。
　　學生說完，老師要給予講評，給予鼓勵。

(四) 訓練三分鐘的演講

　　一般來說，三分鐘的演講，大約說四百字左右的內容，這就不容易了。這時老師可以指導學生用「分點」方式來進行。

「分點」就是把要說的「內容」，分成幾點來說明，一般我們分三點是最理想的方法。

　　例如：「我最喜歡的老師」

　　我最喜歡的老師是教國語的林老師，我喜歡他的原因有三點：
　　第一、他是一位教學認真的老師，……（舉例子說明）
　　第二、他是一位有上進心的老師，……（舉例子說明）
　　第三、他是一位很有愛心的老師，……（舉例子說明）

　　又如：「我們要愛地球」

　　最近看到電視報導，氣候暖化造成地球風災、水災的情形，所以我們要愛護地球，怎麼愛護地球呢？
　　第一，我們要愛惜紙張，減少樹木被砍伐……
　　第二，我們要常關電燈……
　　第三，我們要資源回收……

38　如何指導學生參加「演講比賽」

　　首先瞭解演講比賽的評分標準，它包括「內容」占百分之四十五、「語音」占百分之四十五、「儀態」占百分之十，雖然語音占百分之四十五，但是沒有好的內容，再好、再生動的語音，也無法拿到高分。此外，說話的語音、語氣，也是隨著演說的內容而變化，所以演講比賽，「內容」是最重要的部分。

(一) 加強「語音」的訓練

1. 要閱讀有注音符號的文章，一面讀，一面念出聲音，加強聲音的準確和生動。
2. 練習時注意語氣的強弱和快慢。建議學生每天念國語日報，或有注音的文章。

(二) 加強學生演講「內容」

1. 對題目要多讀兩遍

　　演說切記不可離題，所以先對題目多讀幾遍，瞭解題意，再從題目去思考內容。

2. 運用閱讀時記下的嘉言名句

　　平時從報紙新聞、文章中，摘錄下好的句子。

3. 用例子充實內容

　　針對一個題目做即席演講，一定要舉例子說明。例子，就是一個個的小故事，用例子可以使內容充實，也可以使語言多一些變化。

　　所舉的例子，不要只是一句話，而是加以簡單的描述，有描述才會生動有趣味。

(三) 組織講題內容

用「三段論法」組織演講內容，即是把要說的內容分成三部分來呈現。例如：

1. **是什麼、為什麼、怎麼做**（what, why, how; 3w）

   講題是：我們要愛護環境

   (1) 環境與我們生活有什麼關係？（what）
   (2) 為什麼要愛護環境？（why）
   (3) 怎樣做好環境保護的工作？（how）

2. **過去、現在、未來**

   講題是：我愛我的家鄉

   (1) 過去：過去我家門前有清澈的小河，樹上的小鳥是如何的愛唱歌。
   (2) 現在：現在小河變色了，變成……，附近的大樹，長得……。
   (3) 未來：我們要怎樣愛護這個環境，讓家鄉擁有以前的面貌。

3. **正面、反面、綜合**

   講題是：有禮貌的孩子人人愛

   (1) 從 正面 說：有禮貌的孩子是人們所喜歡的，例如……。
   (2) 從 反面 說：如果沒有禮貌的孩子會做出……事情，人們不喜歡他。
   (3) 綜合 說：從上面的幾個例子來說說，做一個有禮貌的孩子，可以得到人們的喜愛和讚美，所以……做個結論。

(四) 幾個演講應注意事項

1. 要在預定時間裡說完內容

演講要計時，超過時間扣分很不值得，所以把握時間是訓練演講重要的工作。

2. 一開始的問候語，要輕柔有禮

有些學生一開口說：「各位評判先生……」說得鏗鏘有力的，其實這是打招呼和問候語，不宜聲音太大。

開場的「各位評審老師、各位同學」這是打招呼的語言，不可以太大聲或太有力，既然是問候語，要用親切柔和的語調才好。

3. 儀態動作要自然大方

儀態是肢體語言，也就是我們常說的「臺風」，上臺要親切、認真，慢慢說。如果參加比賽，衣著要簡單、整齊。

4. 衣著整齊合宜

衣服顏色、式樣不宜過度誇張、時麾，不宜給孩子塗粉餅、擦口紅，要符合學生的身分，自然端莊。

5. 忘詞時先深呼吸

上臺演講，如果忘詞或不知要說什麼時，可以先停頓一下，深呼吸，再說一次講題內容。然後跳到記得的部分，等想到了，再把它列為下一段的內容。總之，忘詞了，不要呆呆站在講臺上，非得想到那一句不可。

6. 用微笑克服緊張

上臺一定會緊張的，但準備充分可以減少緊張，心裡想著「我只要盡力就好。」去掉得失心，也可以減少緊張。另外，開口前不妨深

呼吸一下。

7. 即席演講應注意事項

(1) 把講題看清楚，不要離題。

(2) 講綱先分段，三段就好，如p.83(三)組織講題內容。

(3) 一定要有例子，可以有兩三個，但要切合題綱，而且用敘述的方式說例子。

(4) 把開頭和結尾做一個練習。

(5) 注意，把握時間。

(6) 深呼吸，走向演講臺。

(7) 面帶笑容。

(8) 說錯，重講即可，不可吐舌頭或結巴。

(9) 適時眼神接觸，勿低頭，眼光看全場。

(10) 不要左搖右晃。

(11) 適時輔助動作。

39 如何指導學生「演出」？

　　首先我們知道，學生是喜歡上臺表演的，如果老師指導得好，把教室變舞臺，讓學生上臺演出，也是一種學習語言的好方法。

(一) 布偶演出

　　現在市面上有許多布偶的人物或動物，有時候可以選擇一些有趣的布偶，讓學生手戴布偶，演出課文裡的內容。有時候，一個害羞的小孩，戴上布偶以後，變得敢開口了，而且會更勇敢的說話，因為他消除了心中對說話的恐懼，認為不是自己在說話，而是布偶在說話，說錯了不是自己丟臉，而是布偶丟臉吧！所以每教完一課，可以讓學生以課文為主幹，編出對話的方式呈現課文，然後用布偶來演出。有時布偶有它的限制，用面具演出，也是一個好辦法。

(二) 紙偶演出

　　用紙剪出各種人偶或是動物等，套在手上、或臉上，讓學生做角色扮演的演出。這樣不但可以增加趣味，而且學生可以躲到紙偶後面，自由發揮。過去紙偶大多以童話故事中的人物為主，現在學生有他們心儀的偶像，我們做紙偶時，也可以把學生偶像的大頭照掛在頭上，做角色扮演的演出。

(三) 角色扮演

　　看表演又有趣味，又容易牢記內容。曾經有位老師把每一課課文，都編成短劇，讓學生利用十分鐘演出，結果他得到了異想不到的效果。

　　「演出」就是把學生分成幾個角色，讓他們揣摩角色的性格，說

話的神情。演出前學生要背臺詞，要記住每個角色之間的關係，要清
楚語言的意思等，這是學習語文的很好方法。

　　試試下面這一段的演出吧！

　　胖和尚：師弟，早！我去佛祖面前念經了。
　　瘦和尚：工作真多啊！，我得先下山去挑水，把水缸裝滿水之
　　　　　　後，還要到菜園裡工作。（愁眉苦臉的走開）

過了幾天

　　胖和尚：咦！師弟，今天怎麼沒水喝？也沒飯吃呢？
　　瘦和尚：我們兩個人住在一起，為什麼是我挑水，是我煮飯
　　　　　　呢？
　　胖和尚：我們把工作分配一下，這樣就不累了！我們一起挑水吧！
　　瘦和尚：唉！我長得又瘦又小，跟你一起挑水，水桶都往我這
　　　　　　邊滑動，我比你累，這不公平。
　　胖和尚：這樣不行，那樣不行，你到底想怎樣？嗯……，我長
　　　　　　得胖，力氣大，挑水的工作就由我來負責好了。
　　瘦和尚：好！煮飯我最拿手，就由我一手包辦。

(四) 把課文編成劇本演出

　　學生對演出多半有興趣，而且對於看表演也容易記牢內容。對於
四年級以上學生，老師可以教學生把每一課課文，編成小小劇本。然
後由同學扮演各個角色，在教室演出。演出角色在六個左右，不宜人
物太多，也不宜兩三個，人物太少故事就不精彩，演出時間在五分鐘
裡完成。

　　例如

　　課文裡不論有多少人物，小朋友都可以自己創造與課文中相關的
人物，當然人物最好有正派、有反派角色。以下面的一課課文為例，

我們可以多出幾個角色演出：

　　有一隻漂亮的蝴蝶，頭上戴著金絲，身上穿著花衣，每天把自己梳洗得光鮮亮麗。飛到東，飛到西，展現她美麗的樣子。

　　有一天，蝴蝶停在樹葉上，看見啄木鳥，就對啄木鳥說：「啄木鳥先生，我們來比一比，看誰最漂亮。」啄木鳥不理她，繼續為生病的老樹抓蟲子。

　　蝴蝶又飛到花園裡，看到一隻小蜜蜂停在花朵上，她對蜜蜂說：「大眼睛的蜜蜂，你看，我是不是很漂亮？」蜜蜂頭也不抬的說：「對不起！果樹開花了，我要去採花蜜，果樹有了我，才能長出好吃的水果。」

　　後來，蝴蝶遇見一匹小馬在學拉車，蝴蝶就問小馬說：「為什麼大家都不喜歡我，是不是我不漂亮？」

　　小馬說：「你很漂亮，可是只有美麗還不夠，要能做事，才能讓人喜歡啊！」

　　上面的課文有四種動物，就有四個角色，但是班上學生多，要多幾個學生上臺演出，老師此時可以創造幾個角色。例如：有一對「母女」讚美蝴蝶頭戴金絲，身穿花衣真是漂亮。可以多兩隻「小貓」羨慕蝴蝶在空中飛舞的自在；可以有一隻「小狗」討厭蝴蝶在眼前飛舞的樣子。這樣就可以多五個角色了，加上原來的四個角色，一共有九個學生上臺演出。

　　演出中可以增加對話內容，上課時，老師和學生一起討論，例如：啄木鳥聽了蝴蝶的話，是不是也可以回答幾句話呢？

　　蜜蜂、小馬還可以說些什麼？在和學生討論中，就可以增加學生語文能力。

　　等課文討論好，再請學生上臺演出。一學期可以選出幾課較有趣的課文，和學生一起討論演出，或由學生自由創作演出，這都是很好的教學法。

40 說話課有哪些教材？

　　每週用一節課教學說話（可以分成每天十分鐘），學生就可以在老師的指導下，培養優秀的說話技巧。

　　如果老師能在開學時即訂好說話的課程，老師就可以輕鬆上說話課。這裡提供幾則說話教材。

(一) 問早、問好

　　每一個同學向旁邊的同學問早，全班輪一遍，大約也要二十分鐘左右。

小華〈看見值日老師〉：老師好！（同時點點頭致意）
老師：小朋友早。
小華〈看見同班王剛〉：王剛，你好！
王剛：小華，你早。
小華：千容，你早！
千容：小華，你早！

小華〈下午放學回家，看見奶奶手裡拎著菜籃子〉：奶奶，您
　　　買菜回來啦！
奶奶：「小華！妳放學啦！」
小華：「嗯！奶奶，您買魚啦，我很喜歡吃，謝謝您。」

(二) 借物

小華：「王剛，聽說你有小望遠鏡，明天晚上我要跟爸爸到體
　　　育館去看表演，請你借我好嗎？後天上學時還給你。」
王剛：「好的，明天上學時我帶來。」

小華：「謝謝！」

(三) 勸說

（勸說要注意身分和場合）

小華〈看見一個同學隨手扔了一張糖果紙〉：「同學，這糖果
紙是你扔的嗎？」

小剛：「嗯！」（點點頭）

小華：「老師說，我們要注意公共衛生，不要亂丟廢紙。」

這時會出現兩種情況，一是小朋友把廢紙撿起來，一是他不理
你。如果他不理，你也不要去理論，自己就把廢紙撿起來吧！

(四) 說明

給幾個情境讓學生說明理由，要學生把事由說清楚。

〈小華在教室外輕輕敲門〉

老師：「請進。」

小華〈進教室向老師行禮〉：「老師，我有事遲到了。」

老師：「請坐，慢慢說。」

小華：「是，早上因為外婆生病，我要在家照顧弟妹，等媽媽
回來，我才可以來學校。」

(五) 詢問

（注意說話的態度）

小華〈行禮〉：「請問警察叔叔到忠孝新生捷運站怎麼走？」

警察：「坐212路公車到新生南路口，或者往前走兩個路口，
就可以看到忠孝新生捷運站了。」

小華：「謝謝叔叔。」

警察：「不客氣！」

(六) 接待

（注意應有的禮貌）

小華〈聽見敲門聲〉：「誰呀？」

客人：「我是李仁，我找李經理。」（小華開門）

小華：「李伯伯，請進！」

客人：「你爸爸還沒下班嗎？」

小華：「就要回來了，請您等一會兒，我去叫媽媽出來！」

（一會兒，小華端茶出來。）

(七) 致歉

（注意語氣）

小華〈下課鈴響了，小華衝出教室，王剛的文具盒被碰倒在地上〉：「哎呀！」

王剛：「你怎麼搞的，我的文具盒摔壞了。」

小華：「對不起！〈他連忙把文具盒和裡面的東西撿起來〉，文具盒摔裂了，我買一個賠你吧！」

王剛〈看小華態度很好〉：「算了吧！你也不是故意的，文具盒裂開的地方，用透明膠貼一下就行了。」

小華：「那……」

王剛：「不要緊的。」

小華：「謝謝你，我以後一定小心。」

(八) 探病

（注意用語和語氣）

小強：「陳媽媽好！我們來看平平。」

陳媽媽：「太好了！他一個人正無聊呢！」

陳媽媽：「平平，同學們來看你了。」

阿光：「你的腿好一點了嗎？」

平平：「唉！已經不痛了，不過上了石膏以後，癢癢麻麻的，行動也很不方便。」

小強：「你別難過，受傷總是比較不方便，只要多休息，幾個月以後就會恢復正常了。」

平平：「我知道。」

阿光：「我買了一張CD送給你，無聊的話，可以放來聽。」

小強：「我也帶了禮物，是一本書唷！」

平平：「謝謝你們，還要一星期才能去上學，真擔心功課跟不上。」

小強：「你別擔心，身體比較重要，至於功課，老師會教你的，我們也可以幫你呀！」

平平：「你們對我真好，謝謝！」

(九) 講理

（注意要心平氣和）

爸爸：「為什麼叫你把玩具拿出來送給小方，你不肯？」

小豆：「我不喜歡你們用命令的口氣，叫我把玩具送給他。因為那些是我心愛的東西，突然要送給別人，會讓我很心疼，也很捨不得呢！」

媽媽：「看你平常也很少玩那些玩具啊！怎麼會捨不得呢？」

小豆：「不行，那是我的東西，為什麼他到別人家作客，就可以要別人的東西呢？我不給他。」

媽媽：「你這是反抗還是講理啊？怎麼可以用這種語氣來講理。」

小豆：「我在講理啊！」

媽媽：「講理要語氣平和，要把道理說明白。不是大聲說話，

也不是凶巴巴的給人臉色。你要說：『這是我生日時，
　　爸爸買給我的禮物，我捨不得送人。』」
小豆：「嗯，我懂了。」

(十) 商量溝通

　　民主時代的一個特色，就是凡事要商量溝通，不可以一意孤行，
商量要互相尊重，要慢慢地談出折衷的辦法來。例如：

母：「明天是爸爸生日，媽媽想帶大家去外面吃飯，你們說，
　　要去哪裡吃飯？」
兒：「我們去吃牛排。」
女：「我們去吃日本料理。」
小兒：「不要，我喜歡吃漢堡。」
母：「說說，想吃牛排的理由？」
兒：＿＿＿＿＿＿＿＿＿＿＿＿＿＿＿
母：「說說，想吃日本料理的理由？」
女：＿＿＿＿＿＿＿＿＿＿＿＿＿＿＿
母：「說說，想吃漢堡的理由？」
小兒：＿＿＿＿＿＿＿＿＿＿＿＿＿
母：「我想，是爸爸的生日，我們問問爸爸的意見好不好？」

(十一) 請求

育銘〈坐在媽媽的身邊，右手挽著媽媽的左手，臉貼在媽媽的
　　肩膀上，撒嬌的樣子〉：「媽媽，我們的電腦老師開始教
　　我們製作動畫了。」
媽媽：「好玩嗎？」
育銘〈興奮的站起來〉：「好玩啊！可是……可是……」（說
　　到一半，突然很喪氣的坐下來。）

爸爸：「可是，可是什麼呀！怎麼突然變得吞吞吐吐的呢？」

育銘〈站起來，走到爸爸的前面〉：「爸爸，買一部新的電腦給我好嗎？」

爸爸〈抬起頭來，很詫異的看著育銘〉：「我們家的電腦不是用得好好的嗎？幹嘛要換新的。」

育銘〈面帶笑容〉：「爸爸，我們家的電腦太老舊了，很多新的軟體都跑不動，所以老師交代的動畫作業，我都沒有辦法在家裡做，看到其他同學都做得那麼精彩，我好羨慕哦！」

媽媽：「雖然這樣，可是媽媽沒有那麼多錢啊！」

育銘：「我可以把我的存款領出來，大概有兩千元，不夠的錢，請爸爸幫我出，好嗎？」

爸爸〈笑嘻嘻的〉：「好小子，原來你早就有預謀。」

肆、識字與寫字教學

插圖繪者：楊麗玲

41　漢字有哪些特色？

　　中國文字從象形、指事開始，後來演變成會意、形聲，它是世界上獨特的文字。漢字有以下幾點特色：

(一) 依形造字的**象形文**

　　漢字最早是隨物體外形畫出字形，所謂「畫成其物，隨體詰屈，日月是也。」現在用楷書書寫，字體的象形部分減少許多，教學時，把象形文的原始圖形畫出來，再仔細說明，可以增加學習的興趣。舉例如下：

（取自《有趣的中國文字》羅秋昭，五南圖書出版公司出版）

又如：

⊙、⊓⊔　⊓是山崖，⊔是石頭，用⊓⊔表示山崖上的石頭。

𡶶 → 嵒 →岩這是山上很多石頭的意思。

𤎚 → 𡗜 → 炗 →光

「光」像個跪著的人ﾚ，頭上有舉著火把𤐫。

(二) 依位置、特色標示的**指事文**

漢字造字方法有「指事」，指事是「視而可識，察而見意，上下是也」，也就是在象形的基礎上，加上符號作為標記之用，有很大的部分是指方位，或是標示某一點最重要的部分。舉例說明如下：

「上」在一個平面的上部分。
「下」在一個平面的下部分。
「本」指木之根部。
「末」是木之上端。
「刃」是鋒利的刀鋒。
「凶」是指那個危險的陷阱。
「牟」是牛發的聲音。

(三) 依意組合的**會意字**

會意字是「合體組字」，從字形上可以想像文字的意思。《說文解字》說它是「比類合誼，以見指撝，武信是也。」止戈是「武」，「武力」是拿來抑制爭戰和干戈的；人言為「信」，信是說話要算話，不可以隨便亂說。認識會意字對文字意思的詮釋、對文字的辨形，很有幫助。看看下面的文字：

例如：

> 圇 → 圙災 → 災 → 災

「災」的上是 巛（水）， ☰ 加上了 ☰，表示大水和大火，有災難的意思。

> 圙 → 圙 → 買 → 買

「買」字上面的 圙 是網子，下面的 圙 是海貝。

> 圙 → 圙 → 圙 → 敗

「敗」字是由 圙「貝」和 攵「攴」組成的， 攵 是用一隻手拿棍棒敲打海貝

又如：

仙　人住山上，它原來寫成「仚」。

睡　人的眼睛向下垂下了，這是想睡覺的意思。

盲　人的眼睛亡失了。

瞎　人的眼睛受到傷害，所以看不見了，那也就瞎了。

涉　是一步一步走在水上。

旦　日是太陽，太陽從地平線上升起來就是旦。

男　男人是在田裡出力工作的人。

休　人靠在樹旁休息。

貧　貝是指錢，錢被分走了，人就貧窮了。

酒　酉是盛酒器，酒盛酒器中的水酒。

寶　屋裡藏了玉、酒、貝，那就是寶了。

賣　賣字上面的士字原來書寫是出字，表示東西賣出去了。

解 用刀劈牛從角下手。

癌 是一種病,這種病的現象是,身上的腫瘤像山一般的多,那就是得了癌症。

(四) 依形符和聲符組合的**形聲字**

國字裡以形聲字最多,幾乎占了百分之九十以上。形聲字最初造字是一邊表形(又稱形符或義符),一邊表聲(又稱聲符或音符),《說文解字》說它是「以事為名,取譬相成,江河是也」。依原本設計的字,是可以從字形念出字音的,但是時間久遠,而且地方遼闊,有些字不容易從字形裡念出正確的字音,所以學漢字最好先學標音。

形聲字同時兼具會意,也就是說,我們可以從字形上瞭解字義。舉例說明如下:

從「侖」的字,有條理的意思。

輪 向前滾動的車輪,它帶著條理的意思。

論 有條理的言語。

淪 被漩渦所包圍。

倫 人與人之間有條理的相處之道。

從「枼」的字,都有輕薄的意思。

蝶 是翅膀輕薄的昆蟲。

碟 是很淺的盤子。

牒 是薄薄的片子。

諜 是輕聲細語的聲音。

從「青」的字,有明朗的意思。

青 青綠的顏色。

晴 天氣明亮。

睛　眼睛明亮有光澤。

蜻　大眼睛的昆蟲。

精　精華美好的。

(五) 轉注、假借的**造字法**

「轉注」是以幾個意思相同的字，相互運用，例如：「母、媽、娘」是相同的意思；「肇、祖、元、胎」同為開始的意思；「考、老」古代是相同的字義。

「假借」是一個字有不同的意思，也可能有不同的聲音，像是「長」有「長大」和「長短」；「好」有美好和愛好兩種意思，一是形容詞，一是動詞，它也有兩種讀音。這是假借字。

簡單說，轉注是「多字一義」；假借是「一字多義」，它們也算是造字的方法，所以我們把它們一起算為「六書」。

教學中，老師能把六書創字原理技巧地教給學生，可以引起學習生字的興趣，也不容易忘記字形和字義。

重要參考書籍有：《形音義大字典》（正中）、

《有趣的中國文字》（五南）。

42 什麼是「獨體字」？什麼是「合體字」？

「獨體字」是不可以分割成不同部件的字，也就是說，它是由一個個體構成的字，是單部件的字。

例如：「相」字是可以分解成兩個字：「木」和「目」。「木」不能再分解了，「目」也不能再分解了，所以「木」和「目」都是獨體字。象形文是依著圖樣畫出來的字，所以象形文都是獨體字，我們所用的「部首」，也都是獨體字，如：目、木、石、上、下、水、日等字都是獨體字。

大 → 㐁 → 㐄 → 走

「走」像人走在路上的樣子，上面是大揮動著雙手、跨著大步走路的樣子。

→ → 車 → 車

像「車」從後面看到的樣子。

「合體字」是由兩個或兩個以上部件組成的字，是多部件字。例如「會意字」：「旦」是「日」和「一」的組合；「闖」是「門」和「馬」的組合；「森」是三個「木」的組合。

又如「形聲字」：「晴」是「日」和「青」的組合；「紗」是「糸」和「少」的組合，這些由兩個部件組合成的字，叫做「合體字」。

例如：想（三個部分組合的字）、毀（三個部分組合的字）、贏（五個部分組合的字）、作（兩個部分組合的字）、異（兩個部分組合的字）。

　　分解字形

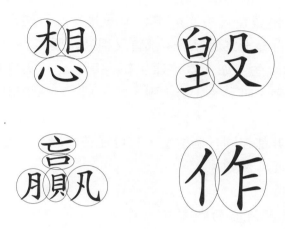

43　怎樣教「部首」？

　　「部首」是標示字的類別、屬性，例如：「木」部的字，都與木有關；「水」部的字，都與水有關。

　　「部首」最早出現在《說文解字》，一共有五百四十個部首，現在一般字典是二百一十二個部首。部首又稱為「偏旁」，依著不同部首，還有不同的說法，如「草字頭：花、草」、「火字底：杰、熱」、「石字部：碰、研」、「走字邊：趁、趙」等。我們還是統稱為「部首」。

　　漢字的部首並非都在同一個位置，它可能在左邊，可能在右邊，也可能在上面或下面。例如：

　　「緒、信、獲、河」的部首在左邊。
　　「剛、形、故、利」的部首在右邊。
　　「杰、盤、悲、麾」的部首在下面。
　　「茶、符、霞、晏」的部首在上面。

　　部首與字義關係密切，對於不容易找到部首的字，則是去思考它的字義。例如：

　　「勝」字的部首是「力」部（用力才能勝利）。
　　「字」的部首是「子」部（字像子孫綿綿不絕）。
　　「萬」字的部首是「禸」部（萬是一種大蟲）。

認識部首的位置，可以從下面步驟去指導：

1. 先將生字做成「字卡」。
2. 說明字義並瞭解與部首的關係。
3. 部首和部件剪開。
4. 將卡片組合成字，並圈出部首。
5. 再說明部首和字義的關係。

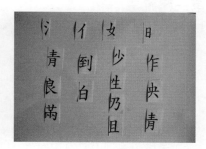

　　字典裡部首雖有二百一十二個，但是常用的部首大約是四十個，先學會這四十個部首，對於認識漢字和組字都有很大的幫助。這四十個部首如下：

一	人	刀	又	口	田	大	女	月	日
手	水	心	戈	攵	木	火	金	土	气
王	石	禾	竹	糸	廿(艹)	虫	衣	言	辵(辶)
門	雨	食	貝	鳥	宀	阜(阝)	邑(阝)	肉(月)	网(罒)

44 什麼是「部件」？

　　過去對字的分解都說部首和另一邊，或是形符和聲符，現在則稱「部首」和「部件」。

　　對於「部件」有兩種不同的解釋。

第一種說法

　　是「字」的組成的，每個部分都稱為「部件」。有的字是兩個部分組成的，如：

　　「媽」是由「女」和「馬」兩個部件組成的字。

　　有的字是好幾個部分組成的，如：

　　「碧」是由「石、王、白」三個部件組成的字。

第二種說法

　　是「部件」與「部首」相對應的字，除掉「部首」部分，另一部分叫「部件」。如：

　　輾　「車」是部首，「展」是部件。
　　議　「言」是部首，「義」是部件。

　　漢字以三個部件（如：解、謝、標、鷺）組成的字最多，約有百分之四十一；由兩個部件組成的字，約有百分之三十四（如：江、信、林、碰）；由四個部件組成的字，約有百分之十七。獨體字並不多，但它是漢字重要的部分。

45 為什麼教生字要「以詞帶字」？

　　語言裡最基本的單位是「詞」，詞是有意義的文字。

　　漢語裡有單音詞，一個字就可以有清楚概念的字，例如：「象」、「人」、「馬」等，但是大部分的漢語是複音詞，教學時，我們要先出現詞，先把詞意說明清楚了，再一個字一個字來教。例如：「對付」的「對」，和「對錯」的「對」，這兩個「對」字，字義是不同的，所以教生字要「以詞帶字」，先教詞義，再教字義。特別是一些用法特別的詞語，例如：「英雄」、「落英繽紛」；「克服」、「衣服」、「服藥」；「革命」、「皮革」；「如果」、「水果」等，在教學上，如果只出現一個生字，而不是先教詞，那效果會事倍功半。

　　「詞」的種類簡單可分為以下幾種：

(一) **單音詞**：一個字就有完整的意思，例如：

　　「象」是指長鼻子，四隻粗腿的大型動物。

　　「山」是高高的，用泥土或石塊堆砌出來的大山。

　　「車」是有輪子，可以載人、載物的工具。

(二) **複音詞**：要有兩個字組合，才能清楚它的意思。例如：醫生、水果、高山、火車。

　　還有加「詞頭」或「詞尾」的複音詞。例如：「老」師（老師並不老）、「老」虎、「大」象這是加詞頭的詞；還有一些單音詞如「石」、「木」、「嘴」，習慣上會加詞尾，成為石「子」、木「頭」、嘴「巴」。一般詞尾是沒有意義的，所以它要讀輕聲。

(三) **多音詞**：三個字以上，才能清楚它的意思。例如：非洲象、熱帶水果、火車站、百貨公司、總統府等。

46 怎樣做好生字教學？

目前國小語文課本，每一冊約十四到十六課，課數少了，每一課的生字量就變多了，有的課文有十六、十七個生字，老師講課時為了顧及每一個生字的特色，總是時間不夠。所以，老師要選擇生字須加強的部分加以說明，有的字強調「字音」，有的字要注意「部首」，有的字要加強「字形」的說明。

教生字還要教到四會：**會念、會解、會寫、會用**。

課堂上教生字最好是從課文中找生字新詞，特別是新詞的講解，有些字不是本課生字，但是詞是從未學過的，瞭解新詞才能提升閱讀能力。所以教學順序可以是：

1. 先念課文再找新詞，先教詞語，再教生字。
2. 念出正確的字音，再解釋字義。
3. 最後要字形辨別清楚，一筆一畫要寫清楚。

以下面一段課文為例：

天后宮前搭起一座戲臺。傍晚時分，響起一陣陣鑼鼓聲，咚咚鏘！咚咚鏘！把看戲的人從四面八方吸引過來。

課本裡的生字只有搭、傍、座、鑼、鼓，但是搭起、傍晚、時分、一座、一陣、鑼鼓聲、四面八方、吸引都是新詞，教學時這些都是需要加強講解說明的。

剛開始教新詞和生字時，不要讓學生造詞和造句，因為那會模糊學生學習課文的焦點，我們要在學生已經充分瞭解本課的字詞、課文內容及寫法以後，再延伸教學，一面複習生字、新詞，一面要學生造詞和造句等活動。

47 什麼是字、詞、詞組、短語？

　　「字」是書面語言的最小單位，「字」包括了字音、字義和字形。漢字是中華文化的瑰寶，經歷代的增修，目前約有五萬字左右，但是常用漢字大約是三千五百個左右。目前小學國語文課程綱要，要學會二千二百到二千七百個字。

　　漢字有它造字的原理，這在前面已有說明，能瞭解漢字造字原理，有助於理解和記憶漢字。

　　「詞」是有意義的最小單位文字。有的「字」並不能單獨使用，例如：「就」、「所」、「公」等，它必須要加上其他文字成為有意義的文字，這些字就不可稱它為詞。有些字一個字就有充分的意義，它是單音詞，如「象」、「書」、「紅」、「跳」等；有些詞是兩個字或多個字組成的，如「公路」、「地方」、「義大利」等。並不是要兩個字以上才叫詞，一個字是「單音詞」，兩個字是「複音詞」，三個字以上稱為「多音詞」。只是漢語裡習慣用兩個字，所以有些單音詞會加上詞頭（大象）或是詞尾（帽子）。

　　詞是有意義的文字，但有些詞並非只有一個意思，詞義會隨著句子而有所改變，教學時要特別注意詞的解釋，所以筆者建議教課文要用講解的方法，不能只教生字或與生字有關的詞語，因為許多時候，句子裡並沒有生字，但是學生未必真的懂句子的意思。例如：「問題」一詞，在不同的句子裡有不同意思。

☆誰能回答這個「問題」。───────➤考試的題目

☆看來你們之間是有很大的「問題」。──➤事態的嚴重性

☆遇到「問題」就面對它、解決它。───➤指「困難」

☆他人緣不好，是「態度的問題」。───➤引人研究討論，或
　　　　　　　　　　　　　　　　　　　尚待解決者。

這些句子裡的「問題」一詞都有差別，能分辨它的差異，才算是真正瞭解詞義，教學中，雖然不需要講得如此深入，但是對於詞語也要做較深入的講解。

　　又如「自然」一詞就有六種意思：

1. 天然生成的東西。如：空氣、日光、山河等，也就是指「大自然」、「自然界」。

2. 非由人工製造而成的，它是天生的。如：「自然最美，何必去做整型手術呢？」。

3. 有「當然」的意思。如：學生聽了老師的訓話，自然心裡不舒服。

4. 一種課程名稱，自然課是自然科學的簡稱，內容包括自然界的動植物及現象等。

5. 表示肯定的揣度。如：「你不用擔心，到時候自然是水到渠成。」

6. 既定的，已有的——人要順其自然的發展，不要去勉強它。

　　「詞組」是「詞和詞」依一定語法規則或語言習慣，組合起來的語言單位，它只是幾個詞的組合並不是完整的句子。例如：「選舉語言」、「美麗的茶花」、「樸素而大方」、「紅紅綠綠的顏色」、「現代人的思想」等，這些是兩個或三個詞的組合，它不是完整的句子，我們稱它是「詞組」，也稱為「**短語**」。

48 什麼是「分散識字法」？

「分散識字法」是採取多讀課文，教學生識字和解釋字音、字形、字義的工作，都在教課文中進行，做到「字不離詞、詞不離句」的教學過程。在教材的編寫上，不以識字為主，只考慮課文的趣味性和可讀性，對於字頻和文字的難易則放在次要部分。例如：下面一段課文，生字是方框裡的字。

第一通電話打給你，告訴你今天好天氣，金色陽光照著大地。
第二通電話打給你，好想找你去公園，散步在美麗的公園裡。
第三通電話打給你，讓你知道我正在想你，你也要把我放在心裡。

再舉一段課文如下：

愛迪生是一位偉大的發明家，他一生發明了一千多件的東西，大家都叫他「發明大王」。有人問他：「在那麼多發明中，對人類最有貢獻的是哪一種？」他回答：「電燈。」

這是課文裡的一段，我們要從課文中學習「愛迪生」、「偉大」、「人類」、「貢獻」、「燈」等生字，這些字與字之間沒有一點關係，我們要藉著句子來認識字，這叫分散識字法。

分散識字教學法，對於一些抽象而難學的字，可以收到事半功倍的效果，例如：教「英明、克服、著涼、倔強、可是」等的語詞，從課文中去理解，遠比單教生字要容易多了。

49 什麼是「集中識字法」？

　　由於大陸在民國八十四年教材改革時，提出小學階段分「集中識字、大量閱讀、分部寫作」的教學目標，認為在小學一、二年級就要識字二千字左右，以便在小學三、四年級時可以大量閱讀。於是他們把早期實驗小學所做的「集中識字」重新檢視，編寫了集中識字的課本，讓學生以識字為主的一種教學法。它的教材有別於一般以故事或敘述為主的課本，而是以識字為主的教材。

　　「集中識字」是一種分類的識字方法，將「同類字、同部首字、同部件字」編寫在一起。

(一) 同部首識字法

「金」字旁，是金屬

金銀銅，亮晶晶

鐵鍋鏟，真好用

　（學習：金、銀、銅、鐵、鍋、鏟）

人有兩件寶，雙手和大腦

用手拍打推拉提（都是手部）

用腦思想念憶感（都是心部）

　（學習手部、心部的字）

(二) 同部件識字法

日落黃昏到

群鳥樹上叫

一陣 噪 聲後

天乾 燥 ，莫煩 躁

下河去，洗個 澡

操場飄琴聲
月色多美好
（學習：噪、燥、躁、澡、操）

他肚子圓圓，臉兒方方
一身脂肪不好看
有一天，他接受電視的採訪
他說肥胖有原因
因為他愛吃坊間的甜食
愛坐在房裡打電腦
他叫觀眾不要模仿他
以免身體變胖，妨害健康
（學習「方」部件的字）

(三) 同類識字法

黃豆和綠豆，好吃又健康
玉米和糯米，可以釀成酒
臺灣種水稻，不產燕麥和高粱
臺灣種地瓜，多吃地瓜，身體好
　（學習：黃豆、綠豆、玉米、糯米、水稻、燕麥、高粱、地瓜）

我心如你心，你心如我心
人有寬「恕」心，相互包容才快樂
白水是泉，黑土成墨
水少看見沙，山石組成岩
北與比、服和報、常和掌、仿和彷
形相近，義不同
弄清楚，不會錯。

50 什麼是「字族識字法」？

　　「字族識字法」是集中識字法的一種，把相同部件字集中在一起學習，它是利用漢字的規則，以有節奏的句子，把同「聲符」的字歸類起來，用「字帶字」的方法增加識字量。例如：

巴字歌	
我的好 爸 爸， 帶我去 爬 山， 教我去打 靶 。 走路絆倒竹籬 笆 ， 摔得全身都是 疤 。	【爸】是父親，所以從父部 【爬山】得手腳並用，所以從爪部 【打靶】是用皮革做箭靶，所以從革部 【竹籬笆】是用竹子做的，所以從竹部 【疤】是皮膚上的一種毛病，所以從病

耑字歌	昜字歌
江水 湍 急白浪翻， 用口 喘 息不自然， 瑞 雪紛飛兆豐年。 坐立 端 莊好作官， 用腳 踹 門沒修養， 心中 惴 惴不安然。	太 陽 高高掛天上， 市 場 裡，水果多。 楊 桃甜，西瓜大， 吃了水果多舒 暢 。 水果不會傷胃 腸 ， 身體健康，心情飛 揚 。

肖字歌	皆字歌
阿仁是個寶， 外貌長得 俏 。 他會吹口 哨 。 又會 削 蘋果， 沒事 捎 個信， 愛請朋友吃 宵 夜。	阿嬌志明結連理， 步上禮堂的 階 梯， 生活和 諧 又甜蜜， 白頭 偕 老不分離。 如此 楷 模好夫妻， 值得我們來學習。

參考《字族識字歌》，羅秋昭編寫，小魯出版社發行

51　如何分辨「的、得」的用法？

　　小朋友對「的」、「得」總是不容易分辨清楚，如果運用線條，畫出它們之間的關係，學習起來就容易多了。

　　從下面表格我們可以瞭解，「的」當副詞時，是在補足後面的形容詞或動詞，而「得」則是後面的短語，修飾前面的動詞用的。

的	得
☆小豆子<u>努力</u>的往上爬。	☆小豆子往上爬，爬得很努力。
☆他<u>開心</u>的唱著歌兒。	☆他唱得很開心。
☆小鳥<u>不停</u>的飛，飛向又高又遠的地方。	☆小鳥展開翅膀，飛得又高又遠。
☆<u>媽媽包</u>的粽子很好吃。	☆媽媽把粽子包得像香腸一樣。
☆阿雄匆匆忙忙跑進教室，大家都看到他一身的汗水。	☆阿雄匆匆忙忙跑進教室，跑得一身是汗。

　　另外，看到「很、又、真、非常、十分」等前面的動詞，都會用「得」，如：

　　1. 他<u>跳得</u>很高。
　　2. 他<u>說得</u>又急又大聲。

3.他<u>畫得</u>非常漂亮。

4.他把角色<u>演得</u>十分逼真。

多做練習題，以加深印象：

1. 十月十日是我們國家（的）節日。

2. 金色（的）太陽，慢慢（的）升上來。

3. 天熱（得）叫人透不過氣來。

4. 老人高興（得）合不攏嘴。

5. 會議在熱烈（的）掌聲中，勝利（的）結束了。

6. 他跑（得）上氣不接下氣。

7. 下課了，同學們蹦蹦跳跳（的）來到操場，開展各種活動。

8. 你看！那結實纍纍（的）石榴樹，長（得）多好啊！

9. 阿香第一次上臺領獎（的）時候，她激動（得）心都快要跳
    出來了。

10. 媽媽把粽子包（得）十分漂亮。

11. 清脆響亮（的）歌聲，引來熱烈（的）掌聲，大家異口同聲
    （的）說：「你唱（得）真好啊！」

12. 你（的）字怎麼寫（得）這麼潦草？以後要認真（的）寫才行
    啊！

52　如何指導「把」和「被」的用法？

「把」和「被」是兩個特殊的介詞，可以跟名詞組成介詞詞組。

「把」的作用，是把句中的動詞所支配的對象，提到動詞前面。這類句子我們又稱它是「把字句」。例如：

原句「我吃完飯了。」→「我把飯吃完了。」

「吃」是「動詞」，「飯」是「吃」所支配的對象，為了強調「飯」，把「飯」提到動詞「吃」的前面，所以用一個「把」字，提高了物的重要性。

「被」用在謂語動詞之前，把要強調的事物提到前面，構成被動形式。例如：

烏雲出來，把太陽遮住了。

「被」動式：太陽被烏雲遮住了。

「被」和「把」有時可以互換，但是句子形式，也就是語序會有所改變，重點也略有不同。

例如

1. 疑問句

「把」字句＝＝誰把杯子打破了？── 重點在「誰」

「被」字句＝＝杯子被誰打破？── 重點在「杯子」

2. 敘述句＝＝弟弟喝完了牛奶。

「把」字句＝＝弟弟把牛奶喝完了。── 重點在「敘述」

「被」字句＝＝牛奶被弟弟喝完了。── 重點在「強調」

53　怎樣才能避免寫錯字？

(一) 別把錯別字寫在黑板上

錯字是提字多一筆、少一筆地寫得不正確。

別字是用另外的字取代正確的字。

當老師看到學生寫錯字時，應該要改正他，但是在改正的過程中，老師不宜把學生的錯別字寫在黑板上，因為學生在不知不覺中，會把錯字輸入腦子裡，將來寫字時，反而易混淆字形，所以老師在改正學生的錯字時，要把正確的字當成新字來教。

以下有幾個字是容易寫錯的：

武　展　預　猴　亨　臭　羨　盜　兒　貌
承　隆　蒙　朦　拜　絨　賊　統　侵

(二) 教生字時一定要依部首、字形、字義講解清楚

教生字時要把字講解清楚，可以避免寫錯字。

記得有一次看到的觀摩教學如下：

陳老師請學生上臺講解生字，學生把事先準備好的「皺紋」詞卡貼在黑板上。學生開始要講解時，直對著老師笑，然後說：「『皺紋』就是陳老師臉上那一條一條的『皺紋』」。

只見老師不急不徐的說：「對啊，老師年紀大了，所以一臉的皺紋，小朋友有沒有『皺紋』啊？」

學生說：「沒有！」

老師馬上舉起學生的手說：「你們看他手上是不是也有『皺

紋』啊？」

老師接著說：「『皺紋』不是老人才專有的哦，小孩子也是有『皺紋』的，『皺紋』就是皮膚上的紋路，所以它是『皮部』。左邊是『芻』，像『皺皺』的樣子。」

只見老師拿出一張紙，用手揉了一下，打開一看，紙上布滿了紋路。老師說：「這些紋路也像是『皺紋』，所以我們稱這種叫『皺紋紙』，這樣知道了嗎？」

老師教生字所費時間不多，然而效果很好。

(三) 家庭作業以詞為主

如果老師出的家庭作業是寫生字一行，學生常常像工廠裡一貫作業方式，先寫一行部首，再寫一行部件，否則就是把一個字拆成兩三個部分來書寫，寫錯了就一路錯下去，為了不讓學生課業太重，又希望他們能多寫字，不妨先寫「詞」，再寫「生字」。例如：要學「告」字，先寫「告訴」，再寫兩個「告」字。

(四) 常用螺旋式學習法加強練習

老師教新的一課，寫新的一課生字時，別忘了要把前一課，或更前面幾課的生字複習幾次。例如：教第三課了，第三課的新詞寫四遍，第二課的語詞寫兩遍，第一課的詞語寫一遍，如此循環，學生才不容易忘掉學過的字詞。

(五) 用不同顏色標示生字的主要部分

我們在教學時，可以依著每個生字的特性，用不同的顏色，醒目的提示學生，如此可以避免學生犯錯。試舉幾個例子說明：

查 —— 注意下面的一橫。

資 —— 注意上面的「次」是兩短橫，「次」也是「資」的聲符部分。

料 —— 料是「米部」，因為它是指糧食原料。

賽 —— 賽字下面是「貝」。

敝 —— 左邊的「㳄」寫法較特別。

籍 —— 籍是「竹部」，因為古代書籍是刻在竹片上的。

算 —— 注意部首和下面「廾」的寫法。

鷺 —— 上面是「路」字，不可少個口。

整 —— 上下組合的字，注意右上方是「攵」。

佩 —— 佩字右邊中間一橫不可省去。

(六) 多用練習法加強記憶

對於新學的生字，必須加強練習才不會忘記，練習的方法很多，一是寫生字，一是做練習題。

例如：圈出正確的字（或是畫去括號內的錯字）

1. 我口（渴　喝）了，真想（渴　喝）杯水。

2. 姊姊到誠品書店（賣　買）了一本《十萬個為什麼》的新書。

3. 李白是我國（故　古）代一位偉大的詩人。

4. 臺灣是個美麗而富（饒　繞）的寶島。

5. 在數學（竟　競）賽中，我得了第一名。

6. 我家養了三隻小白（兔　免）。

7. 今天禮堂裡放（幻　幼）燈片。

8. 我們要（尊　遵）守交通規則。

9. 小明上課能（尊　專）心聽講，所以成績一直很好。

10. 今天輪到我們小組當（植　值）日生。

11. 老師鼓（勵　屬）我們，不要害怕失敗，要再接再（屬

勵），努力爭取更大的進步。

12. 我把地上的廢紙（撿　檢）起來了。

13. 這（片　遍　篇）課文，我讀了好幾（片　遍　篇）了。

(七) 自編有趣的解釋方法避免錯別字

如：「祖先」、「仙人」分不清

老師說：

祖先：比你「先」死的長輩。

仙人：住在「山」中的人。

如：虐分不清「ㅌ、ㅋ」。

老師說：「虎毒不食子」，所以爪子「ㅌ」對外攻擊敵人。

54　如何善用工具書，提升自我學習能力？

(一) 請家長為學生購買好用的工具書

學生升上三年級了，老師可以給家長一封信，告訴家長為學生購買一本好用的字典和詞典。

(二) 指導學生勤查字典

1. 利用上課時間查字典，例如：（撿、檢）、（滅、減）、（揀、練）、（計、記）有什麼不同？
2. 周六的家庭作業可以要學生查字典。例如下面的字，除了課本內容的念法，還可以讀成什麼音：參、會、數、行、臂、落、著。

(三) 學校舉辦查字典比賽

學校利用彈性時間，三年級以上舉辦查字典比賽，培養榮譽感和善用工具書的習慣。雖然科技進步，資料容易查詢，但是動手去查，才能打好基礎。

(四) 利用學習單

上課前的預習，或課後複習，都可以利用學習單要學生多使用工具書，查字詞、成語或是百科全書。

55 識字教學有哪些遊戲法？

(一) 用撕的

漢字有許多相對稱的字，我們可以把紙對折，用撕的，撕出不同的字，引起學生興趣。

(二) 用排的

一、二年級學生喜歡玩，我們在教生字時，可以用石子、餅乾、黑白棋排出字來。請學生排字時，同時要注意字的筆順，這是有趣的玩法。

(三) 用組合的

1. 組字

漢字只有少部分的獨體字，大部分是部首加部件的組合，讓學生寓教於樂，從部首加部件的組合過程中，學會更多的文字。

排字時可以限制時間，學生可以先把可能排出的字寫下來，再分批查字典，把對的字圈起來，把錯的字畫掉，再把常用的字用紅色標

示，不常用的字用綠色標示，如此可以很快的學會很多的字，而且可以瞭解部首在文字上的功用，也培養了自動自發學習的好習慣。

2. 組詞

這也是組合的方法，先分兩組或兩人一組，老師把語詞拆開，一組給單字十個，另外一組給單字十個，讓學生把單字（a＋b）組成有意義的語詞。例如：下列兩組字，約可以組成四十、五十個語詞：

紅　白　黑　大　小　公　母　發　樹　寫 ── a組
色　牛　羊　葉　現　明　作　字　雲　人 ── b組

(四) 用玩的

1. 配對法

(1) 把學生分組，兩人一組。

(2) 學生自己寫十個或十五個字卡。

(3) 抽對方字卡，把可以組成一個語詞的字放一起，誰組的詞多，誰就贏了。

2. 眼明嘴快

(1) 把學生分成兩個人一組。

(2) 每個學生把剛學過的生字寫在卡片上。

(3) 每個學生拿出一張字卡，翻過來用手壓在桌上。

(4) 老師說123，學生把壓著的字卡翻過來。

(5) 學生要念出對方字卡上的字，誰先念出來，誰就贏了。

3. 賓果遊戲

老師發給學生每人一張印有九宮格的字卡（如下圖），要學生把今天教的生字寫在格子裡，老師念每一個生字，學生就把它圈出來，

誰最快連成一條線，誰就是賓果了。

連	霉	念
鄉	細	從
屋	絡	故

細	暢	春
悠	雨	景
綿	和	閒

4. **猜一猜**

(1) 猜一猜這是什麼語詞？

玩「？」老師說：引號內的字有一個女字。答案：玩耍。

愛「？」老師說：引號內的字有一個日字。答案：愛惜。

(2) 猜一猜答案是什麼？

☆昨日不可留（日不留，所以它是乍字）。

☆我沒有他有，天沒有地有（他和地都是有的部分，就是「也」）。

☆千字頭，木字腰，太陽出來從下照，人人都說好味道。（香）

☆哥哥有，弟弟無，吳先生有，李先生無。（哥字和吳字有的部分是口，所以答案是「口」）。

56　如何培養正確的寫字姿勢？

寫字教學以硬筆字為主。

執筆書寫，姿勢正確，不但有助書寫美觀，而且也留給人們一個好印象。

(一) 正確的坐姿

1. 頭正

頭稍微向前傾，眼睛距離紙約三十公分，約兩個掌指的寬度。肩平、身略向前傾；胸部距離桌邊約一個拳頭。

2. 臂開

兩臂自然撐開，有三點的樣式，兩肘放在桌面上，左手按著紙的左邊。

3. 足穩

兩腳稍微張開與肩同寬，穩穩的平放在地上。

一年級開始學寫字，要非常注意學生的坐姿和執筆姿勢，我們可以利用口訣練習。

筆拿好，手放好，上三點（頭、兩肘），下三點（屁股、兩腳），ㄅㄧㄤ……ㄅㄧㄤ，開始寫。

(二) 正確的執筆

　　寫字是手眼協調的訓諫，先要把
筆握好。正確的執筆方法是：筆與紙
呈45°，掌空指實，別把筆放在虎口
處。

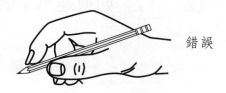
錯誤

　　開始練習，最好先選用三角形的
筆桿，握筆正確後，再改用其他的筆
書寫。

正確

　　以大拇指與食指抓住三角形的兩
邊，距筆尖約二‧五公分至三公分，
無名指和小指順著中指彎曲，手指頭要抓緊但掌心是空的，千萬不要
緊握成拳。

57　如何運筆才能寫好字？

寫字要注意：起筆、行筆、收筆。

起筆、行筆、收筆，也有說是「按筆、行筆、頓筆」。一年級開始學寫字時，要訓練孩子的手腕力量，就從運筆開始。

起筆不宜重，起筆重了容易畫破紙，起筆太輕則沒精神。

行筆要順滑，不要忽快忽慢。

收筆時撇捺要輕、橫豎要稍做停頓，沒有收筆的字，字顯得浮躁，不好看。

簡單說「起」、「行」、「收」的要訣如下：

> 起筆要適中，
> 過猛容易畫破紙，
> 用筆太輕看不清，
> 行筆要平順，
> 收筆要停頓，
> 橫平豎直，
> 字字端正。

58　漢字有哪些基本筆畫？

過去學習寫字都從「永」字八畫開始。

「永字八畫」是點、橫、折、鉤、豎、撇、挑、捺。

丶 點：六（上面是豎點、下面是相背點）、女、凶（長點）、魚（左右斜點）。

一 橫：橫要平順，如：三、目、十、立。

折：有橫折「ㄱ」，如：田、日。

有豎折「ㄴ」，如：山、牙。

鉤：

　　一 橫鉤：蛋、宋。

　　亅 豎鉤：永、小。

　　乀 斜鉤：武、戈。

　　乚 臥鉤：心、慈。

　　ㄱ 橫折鉤：刀、雨。

丨 豎：也稱直，有長豎、短豎，豎要直而有力，如：中、非、口、川。

撇：撇要重起輕收，撇有下列幾種：

　　丿 斜撇：勿、戶、文、木。

　　丿 豎撇：月、用、舟。

　　一 平撇：禾、和。

　　フ 橫撇：又、陪。

　　ㄥ 撇折：去、紅。

乀 挑：以、羽、冰。

乀 捺：八、入（斜捺）；道、走（平捺）。

59　如何指導書寫的筆順？

　　筆順是寫字的一種習慣順序，過去寫書法有楷、行、草等書體，書寫者的習慣不同，筆順的先後順序略有不同。國字筆順要在一、二年級教會，筆順正確有幾個優點：一是不容易寫錯字，二是可以把字寫得漂亮。

　　教育部有「標準國字筆順表」，列出了十七種筆順原則，歸納較常用的筆順有以下幾種：

筆　順	例　字
1. 先橫後豎	十、井、平、木
2. 先撇後捺	人、大、入、火
3. 由上而下	三、豆、尖、安
4. 由左而右	川、地、的、路
5. 先中間後左右	小、學、興、水
6. 由外到內	周、同
7. 從外到內，最後封口	田、困
8. 先右上後左下	送、廷、近、延
9. 先左下後右上	起、爬、題、翅

60 如何指導漢字結構？

漢字像圖畫一般，它可以當藝術呈現，因為它有疏有密，有長有短，有寬有窄，字形變化很多。漢字就外形而言，有以下幾種：

1. 長形 ▯ ：身、年、月
2. 方形 □ ：田、世、認
3. 扁形 ▭ ：四、工、也
4. 菱形 ◇ ：令、冬、今
5. 三角形 △ ：土、主、人
6. 梯形 ⏢ ：豆、並、至
7. 左斜式 ▱ ：力、夕、勿
8. 右斜式 ▱ ：戈、炎、曳

教學時，可以用硬紙板剪成以上形狀，中間用玻璃紙貼起，把字放在硬紙板上，就可以辨認出它是什麼外形的字了。

例如：將紙板挖空成長方形或梯形等。

漢字合體字則有左右組合的字、左中右組合的字、上下組合的字、上中下組合的字等。書寫時，若能把握每一部分所占的空間，將使字寫得好看些。

例如

左右對等的字⊟：教、討、如、說、體

左窄右寬的字⊟：撿、信、握

右窄左寬的字⊟：剛、形、到

左中右均等的字⊟：謝、樹、搬

上下均等的字⊟：豐、音、是

上窄下寬的字⊟：霞、筷、花

上寬下窄的字⊟：盤、熱、熟

上中下均等的字⊟：盞、意、翼

61 如何寫出漂亮的字？

(一) 均間原則

當一個字裡有直畫或斜畫時，這幾個筆畫大致要平行，同時把空間距離分隔為相等，字才好看。例如：

| 三 | 五 | 王 | 川 | 目 |

例如：未均間的字

目 目 目 ○ ✕
✕ ✕ ○ 月 冃

(二) 避讓原則

部首與部件相互避讓。

部首在左，通常寫成左窄右寬；部首在右，寫成左寬右窄。

1. 讓右

左邊為部首，左偏旁要寫得比右邊稍短和稍窄。例如：

| 化 | 孩 | 珍 | 祥 | 河 |

例如：未讓右的字

治 治 穫 穫
✕ ○

2. 讓左

右邊為部首，右偏旁要寫得比左邊稍窄，但要比左邊稍長。例如：

| 到 | 影 | 戰 | 刻 | 動 |

例如：未讓左的字

到　到　根　根

(三) 平衡原則

一個字從中間分開，左右兩邊對稱平衡。

1. **對稱平衡**：從中心線分開，兩邊對稱，就像物體一樣。例
   如：

中	千	小	幽	亞

例如：未對稱的字

中　中　文　文

2. **撇捺平衡**：一個字左右兩邊有撇捺時，其長度和斜度大致相
   等。例如：

金	火	來	水	春

例如：

今　今　今　春　春

(四) 緊密原則

當一個字的筆畫很多時，必須要把每一筆畫緊密連接在一起，字
才好看。例如：

樂	露	想	穰	鯉

例如：

賞

(五) 變化原則

一個字裡，同類型的筆畫或形狀有兩個以上時，要變化它的筆法，避免重複單調。

1. **同形相疊，上小下大**：由上下相同的形狀組成一個字時，要上小下大、上輕下重。例如：

哥｜昌｜炎｜呂｜圭

例如：

昌　昌　昌　　　呂　　　呂
×　　×　　○　　×　　　×

2. **同形相並，左小右大**：一個字由左右兩部分形狀相同的部件組成時，要左小右大、左輕右重，字才好看。例如：

羽｜林｜比｜競｜棘

例如：

羽　　　競　　　競
×　　　　×

3. **同形字相疊，注意大小及位置**：相同的形狀出現三次，組成一個字時，要上輕下重，下面又分為左小右大、左輕右重。例如：

品｜晶｜森｜磊｜垚

例如：

品　品　品　品　　　磊　　　磊
×　×　×　○　　　×

伍、閱讀教學

插圖繪者：楊麗玲

62 「略讀」和「精讀」要把握哪些原則？

　　閱讀時，為了需求的不同，有些文章可以簡略讀過，瞭解文意即可；有些文章需要細嚼慢嚥，充分瞭解文章旨意、詞句的表達和運用。所以，閱讀有「精讀」和「略讀」之分。

　　略讀又稱為「視讀」或「預讀」；讀者須在短時間裡，從課文中得到最大的收穫。它是一種初步的閱讀法。它適用於無暇對書本或課文做深入的研究和分析的閱讀法。就像是「琢玉」的過程，先將玉石外部去除，得出來的「粗石」，讓雕工判斷石頭的分級與用途。略讀是閱讀的第一層功夫。

　　略讀一本書，應注意書籍的序言、標題，從目錄中瞭解書籍結構、內容。如果有附錄、索引，也可以作為參考。對於略讀一篇課文，則是瞭解文章內容大意即可。

　　精讀是一種全盤、完整的閱讀，或是仔細、認真的閱讀。它需要對課文做一些深入的分析和瞭解。精讀主要目的在「理解文章內容」、「細究生字新詞」、「認識文章結構」、「欣賞文章修辭、創作之美」。還可以討論與文章相關的知識，或是比較相同題材的寫法方式。

※精讀課文的順序

1. 先把課文總覽一次，說出課文大綱

　　師：小朋友，請用五分鐘時間看完這篇文章，然後告訴我，「這課文在說什麼？」要學生在流覽課文後，即刻說出課文大意。這其實並不難，只要說出人物、時間、發生事情的經過和結果就可以了。

2.總覽課文時，把不瞭解的字詞畫下來

師：請小朋友把不瞭解的字詞，寫在筆記本上。

3.老師一面講解字詞，一面講讀課文

既講又念，老師講解了第一段生字新詞，即回頭讀第一段課文；講第二段生字新詞，即回頭讀第二段課文，以此類推。講解生字、課文時，不宜將生字做延伸的造詞和造句練習，不妨在課文的詞語及全課內容深入討論結束，再對生字、新詞做延伸教學，練習組詞、造句，這樣才不會糢糊學習焦點。

4.再讀一次課文，探討課文的主旨大意、作者的寫作方式

作者怎樣寫這篇文章的？

怎樣寫人？怎樣寫事？

這課課文先寫哪個部分？再寫哪一部分？

作者舉了什麼例子？你還能舉什麼例子？

這課課文怎樣開頭？怎樣結尾？

5.延伸教學

延伸教學是對課文的加深加廣的學習，例如：

文章中所用的語詞，還可以怎樣用法？

課文中有哪些佳句，值得背起來？

與課文相關的人物，還有哪些？

與課文相關的寫作方法，還有哪些？

換個方式，還能怎樣來寫這篇文章？

以下文為例：

　　一隻青蛙住在一口又深又黑的井裡。青蛙在井裡每天抬起頭來，看到的只是一個圓圓的小天空，他以為天只有這麼大。

有一天，一隻小鳥停在井口。

小鳥喘著氣說：「我飛了好久，好累喔！」

青蛙說：「天只有那麼大，你為什麼會累呢？」

小鳥看了看井裡的青蛙說：「你住在井裡，沒有看見外面的世界，你知道外面的世界有多美麗嗎？你應該跳出來，看一看外面的世界。」

精讀	略讀
☆本課有哪些生字和新詞？ ☆作者是如何寫這篇文章的？ ☆先寫哪個部分，再寫哪一部分？ ☆作者用了哪些修辭法？ ☆文章中所用的語詞，還可以有什麼用法？ ☆課文中有哪些佳句，值得背起來？ ☆與課文相關的人物，還有哪些？ ☆與課文相關的寫作方法，還有哪些？ ☆換個方式處理，還能如何來寫這篇文章？ ☆加強句子練習。 ☆「一口井」和「井口」兩個「口」字，意思相同嗎？ ☆「我飛了好久，好累哦！」可以模仿它的句型造句嗎？	☆認識課文生和字新詞。 ☆瞭解故事內容、人物、故事發生的因果關係。 把課文總覽一次，認識課文中的生字，說出課文在寫什麼？知道「小鳥在天空自由飛翔，青蛙住在井裡，完全不瞭解外面的世界。後來青蛙從小鳥口中，知道外面世界很大。」

63 如何做「深化的閱讀」？

深化教學、精微教學，都是指教學上不只關心大範圍，也要注意小地方的教學法。在閱讀教學上，它就是依 整體—部分—整體 的一種教學法。

(一) 整體

先整體看一遍，明白整篇文章的大意，並且可以概括說出它的意思。教育心理學家說：「給學生看了完整的拼圖，再開始去拼圖，那就容易多了。」

(二) 部分

就是具體分析文章內容和寫作方式，瞭解文章中所傳述的各種知識、情意性的培養等。

(三) 整體

最後做整體的深化認識，延伸文章內容，瞭解文章主旨、作者寫作目的等。例如：

海倫・凱勒的故事

在沒有色彩、沒有聲音、沒有亮光的世界中，生活是一件痛苦的事情。但是，海倫・凱勒卻克服了它。

海倫一歲半時，由於一場大病，變成了不僅不能聽、不能看，而且無法說話的多重障礙者。從此，海倫的脾氣變得非常暴躁，行為變得非常任性，直到蘇利文小姐當了她的家庭教師，才慢慢的改變了海倫的脾氣。

蘇利文小姐以手指代筆，教海倫「洋娃娃」、「坐下」、「帽子」等字，海倫・凱勒都不知道老師在教她什麼，也一點都不想學習。直到有一天，老師教海倫・凱勒認識「水」字時，同時讓她用手去摸那冰冷而流動的「水」。這時，海倫才知道，每一樣東西都有名字，她開始用心的去認識這個世界。

　　海倫利用「點字」來看書，利用手語來表達自己的意思，她最大的希望是能進入最好的大學，許多朋友都認為這是不可能的事，但是，蘇利文小姐陪著海倫不斷努力用功，終於使得海倫考進了哈佛大學。不僅美國人大為震驚，甚至全世界的人都驚訝不已。

　　海倫畢業後，到各地演講，她發覺到只用手語，沒辦法充分表露自己的心情，因此，又花了三年的時間學說話，終於能以不太流利的話語，表達自己的意思。

　　海倫克服了許多的困難，以親身的痛苦經驗，鼓勵不幸的人，勇敢的站起來。海倫帶給他們光明和希望，大家都稱她「光之天使」。（作者：胡曉英）

※ 整體

1. 基礎閱讀（理解文章意思）

第一次讀它，先有一個概念：誰？做什麼？

(1) 誰──人物

海倫・凱勒：她從小有多重障礙。

蘇利文：海倫的老師。

(2) 做什麼──事情

因為蘇利文老師教她認識「水」，而認識了這個世界。

(3) 課文大意

海倫・凱勒從小是個多重障礙者，因為勇敢的學習各種能力，到處演講，用自己的經驗去鼓勵別人，因而被稱為「光之天使」。

2. 檢視閱讀（閱讀的時間、速度）

第二次讀它，要分析課文內容及形式。

(1) 內容：是海倫·凱勒的大概生平，為一篇勵志的文章。

(2) 形式：是寫海倫·凱勒的故事，再寫她克服身體障礙的歷程和她的成功。

※ 部分

分析內容

第三次讀它，為延伸課文內容，細嚼字詞、句子的深層意義。

運用「怎樣的？為什麼？如何？」來思考，找出課文難解易錯的字詞。我們可以提問，提問分三層次：

1. 事實性

可以在文章中找到答案的，也就是 what。

2. 推論性

從文章去思維「為什麼」、「要如何做」，這是 why 和 how。

3. 評論性

對文章的內容或寫作提問如下：

(1) 海倫·凱勒是怎樣的多重障礙者？

(2) 她的個性怎麼樣？

(3) 是什麼原因改變她的人生？

(4) 第一段和最後一段的意義在哪裡？

(5) 讀了這一課課文，你有什麼感想？

(6) 如果海倫·凱勒沒有遇到蘇利文，她可能會怎樣？

(7) 如果不努力、不自我要求，她會變成怎樣的人？

(8) 如果你是「海倫·凱勒」，你可能會怎樣？

(9) 蘇利文老師是一位怎樣的老師？文章中哪裡可以支持你

的論點？

　(10) 課文以「順序」方式寫作，可以改為「倒序」嗎？各有
　　　　什麼好處？

　　以上(1)(2)(3)(4)是指事實性；(5)(6)(7)(8)是指推論性；(9)(10)
是指評論性。

　　此外，藉由瞭解整課課文，還可以對字、詞、句，做分析和練
習，例如：

(1) 什麼叫「點字」，你看過嗎？
(2) 「驚訝」的「訝」是什麼部首？「訝」字，還可以造其他
　　的語詞嗎？
(3) 發現……因此……
(4) 由於……變成了……　　利用課文句型，練習造句。

※ 整體

　　從這一課課文延伸教學，帶學生去圖書館找一找有關海倫‧凱勒
的故事，或是找一篇寫「人物」的課文，讓學生分組討論，比較兩課
的不同。

64 什麼是「講讀法」？

課堂教學是教師重要的工作，一課課文如何讓學生充分瞭解，可以透過課文學習知識、技能、情意，藉由「講讀法」就可以達到了。「講讀法」著重在教學過程，也就是教學過程中包括念句子、說明句意、講解段意。

引起動機（啟發的工作）

閱讀課文（概略瞭解課文內容）

分段講解（學習組織結構能力）

說明每段大意、創造性閱讀（發問回答問題，學習思考及創造能力）。

(一) 把課文的語言和思維結合起來

老師一面念讀課文，一面講解，老師要隨時提問，讓學生想一想句子與句子之間的關係。

(二) 讓學生從上下文中認識詞義，提高領悟語言的能力

老師一面講解句子，一面提問，讓學生充分瞭解句子意思，同時要學生試著造句。

(三) 從老師一面講解、一面提問中，瞭解全課文意

老師講解了一段，即可以提出幾個問題問學生，讓學生瞭解段落與段落之間的關係。

(四) 從講解課文中體會文字的優美

對於課文中優美的句子，老師可以藉著高聲朗讀，讓學生體會文字的美，同時讓學生跟著老師多念幾次。

(五)「生字、新詞」教學，可以在課文講讀後再進行

老師使用講讀法時，儘量以句義和文義為主，生字、新詞可以順著句義講解，不需要停頓下來講解生字的形音義。

65 如何做課文「內容」深究？

　　語文教學不只是教生字、新詞，還需要瞭解課文的內容和寫作的形式。

(一) 深究課文內容的目的

1. 從課文內容增進「知識及見聞」。
2. 從課文內容培養「情操、道德的正確觀念」。
3. 從課文內容增加「邏輯思維和判斷力」。

　　所以內容深究是一種探索，一種組織分析能力的培養。

(二) 深究課文內容的方法

1. 朗讀

　　老師帶領學生朗讀，從字詞的抑揚頓挫中，讀出作者的情感，同時可以讀出文章的重點。

2. 提出問題

　　從問題中，思考課文告訴我們什麼？

(1) 課文告訴我們哪些訊息？===常識或知識
(2) 課文說「人無信不立」，為什麼？===道德、情操
(3) 如果課文裡的主角是你，你會怎麼做呢？===創造性培養

3. 蒐集資料

　　用分組方法，大家一起為問題找答案，學習團隊合作和尋找資料的能力。例如：讀了〈臺灣第一位醫學博士〉課文，可以帶學生去圖書館，找臺灣名人及其成就，這可以學習找資料，也可以指導閱讀，一舉兩得。

4. 討論報告

　　分組報告，訓練整理資料能力、綜合能力和口頭表達的能力。

66 如何做課文「形式」深究？

(一) 深究課文形式的目的

1. 認識課文組詞、造句的特點。

2. 認識段落與段落之間的關係。

3. 瞭解作者寫作技巧，為了培養作文能力。

4. 認識課文的起首和結尾的關係。

5. 從課文結構轉化成寫作大綱，訓練自己寫作能力。

(二) 深究課文形式的方法

1. 先朗讀課文。

2. 讓同學分組說一說各段大意，
   並寫下各段大意貼在黑板上。

3. 用圖表整理出課文結構。
   如〈臺灣第一位醫學博士〉
   為例，課文的結構是：

十七　臺灣第一位醫學博士

杜聰明是淡水人，從小家裡很窮，但是他十分用功，二十九歲就成為臺灣第一位醫學博士。他認為要救更多的人，需要更多的醫生，因此把一生的精力，用來推動臺灣的醫學教育，教育出無數的名醫。

在七十多年前，臺灣有許多人吸食鴉片。杜聰明為了救人，發明了用尿液篩檢的方法，找出吸鴉片的病人，他是

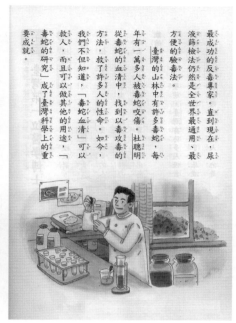

思考與討論：
一、杜聰明為什麼要反毒？
二、你覺得「巨人」有什麼特別的地方？

主題：醫學的重要性

主講人：杜聰明博士

杜聰明從不追求名利，而且愛人如己。雖然他身材瘦小，卻是臺灣醫學界永遠的巨人！

要成就。

毒蛇的研究」成了臺灣科學上的重

我們不但知道，「毒蛇血清」可以救人，而且可以做其他的用途，「

年有一萬多人被毒蛇咬傷。杜聰明從毒蛇的血清中，找到以毒攻毒的方法，救了許多人的性命。如今，

臺灣的山林中有許多毒蛇，每

方便的驗毒法。

液篩檢法仍然是全世界最通用、最

最成功的反毒專家。直到現在，尿

課文寫作綱要	段落大意		轉化成寫作大綱
總括式的開頭	簡介杜聰明的生長背景和理想目標	第一段	總述
舉出一個事例	他用尿液篩檢法找到吸毒的人，現在全世界都用這種方法	第二段	分述
舉出一個事例	他研究毒蛇，利用毒蛇血清治療被毒蛇咬傷的人	第三段	分述
對杜聰明做一個評價	杜聰明是醫學界永遠的巨人	第四段	結論

4. 接著請同學找一找本課文特別的句型。

　　例如：

　　例如

　☆他 認為 要救更多的人，需要更多的醫生， 於是 他 把 一生的精
　　力， 用來 推動臺灣的醫學教育，教育出更多的名醫。
　☆杜聰明的「毒蛇研究」 成了 臺灣科學上的重要成就。

5. 學習上面的句型，各造三個句子。學生可以分組方式造出句
　　子，也可以採比賽方式，要學生在最短時間內造好句子。

67 如何提問，引起學生興趣？

(一) 要問「課本裡不明顯」的問題

不要從文章的字面上找問題，要從文章可思考處找問題。例如：課文如下：

> 對前人留下的「已知」成果，要善於學，也要敢於疑。亞里斯多德曾斷言：「物體從高空落下，快慢與其重量成正比。」這個論斷，流傳了一千八百年。
>
> 伽利略卻要重新用實驗來檢視它是否合理。他拿著兩個大小不同的鐵球，跑到比薩斜塔上往下扔，一次又一次實驗，結果證明亞里斯多德的斷言是錯誤的。
>
> 不僅如此，伽利略還從中掌握了物體運動軌道，推動了力學的發展。勇於對權威的結論提出疑問，才有希望突破未知的障礙，打開真理的大門。電磁場、原子能的發現、相對論、量子論的提出，不都是勇於向權威論斷挑戰的結果嗎？

上面的課文，有以下兩種版本的提問方式，你會選擇哪一種？

事實性提問	三層次提問（瞭解文章、修辭法、延伸教材）
1.什麼叫「已知」？	1. 文中的第一個「斷言」是什麼？
2.伽利略是哪一國人？	2. 第一個斷言與本文有什麼關係？
3.什麼是「斷言」？	3. 文中說「要善於學，也要勇於疑」，是否可以改成「要勇於疑，也要善於學」，理由是什麼？
4.什麼是「權威論斷」？	
5.課文裡的「實踐」是什麼意思？	
6.請問伽利略要「檢視」什麼？	

4. 文中最後一句：「不都是勇於向權威論斷挑戰的結果嗎？」這是運用了何種的修辭法？＿＿＿＿＿這種句法有什麼作用？

5. 這段論說文所談論的重點是什麼？
＿＿＿＿＿＿＿＿＿

6. 為什麼亞里斯多德的斷言，到了一千八百年之後才有人推翻它？

(二) 要問「與學生生活相關」的問題

1. 找一找生活中，還有哪些是「已知」的事情？
2. 有哪些的「已知」，可能只是傳說而已？
3. 如果聽到可疑的事情，你會怎麼做？
4. 對於可疑的事情，你會怎樣去求證它？

(三) 要問「有創造性」的問題

1. 用【如果……可能……】的問題

　　例如：如果你是伽利略，你會怎麼做？

2. 用【除了……還有……】的問題

　　例如：除了伽利略，還有誰也打破了前人的斷言？

68 閱讀中如何聯繫上下文，提升自學能力？

一般閱讀，只要讀出文章大意就可以了，不需要深究內容和形式，所以閱讀中，如果碰到不認識的新詞，不要忙著查字典，而是根據上下文琢磨它的大致意思，以後再碰到這個詞，再檢驗自己的初步觀念正確與否，如果相差很大，或是因為不懂這個語詞，就無法閱讀下去，這時再來查字典不嫌遲。

借助上下文的閱讀方法是：

(一) 借助已學過的語詞

利用舊知識掌握新概念，實現從已知到未知的學習過程。

例如：已認識「車」和「貨物」，那麼「貨車」應該就是載運貨物的「車」了。

(二) 借助句子的意思

有些語詞概括一個場面、情境活動的過程，分析這個過程的情節，學生就會明白句子的意思了。

例如：「時間像針尖上的一滴水，滴在湖上。」意思是時間過得很快，而且稍縱即逝，時間一過就不留痕跡了。

(三) 借助上下文的意思

語詞在文章中，有它特定的語言環境，從上下文中往往為語詞提供了一些線索。

例如：「在草原上行走十分灑脫，只要方向不錯，怎麼走都可以。」後半句其實是對「灑脫」的補充說明。因此，學生讀了這一句，就可以大體上體會出「灑脫」是自由、隨便、不受拘束的意思。

(四) 借助構詞的知識

許多新詞是由熟字組成的，有些合成詞可以借助既有知識來理解。

例如：「翠色欲流」，如果學生已經學過「翠綠」、「翡翠」等詞，學過「李白乘舟將欲行」的詩句，知道「欲」是「想要」，那麼就能瞭解「翠色欲流」就是「青綠的顏色，想從葉片上展露出來」，表示青翠美麗的意思。

若能指導學生連結已學過的相關語詞，引發學生舊經驗，能收到溫故而知新的效果，心理學叫做「類化作用」。老師們可以多讓學生從已知的舊經驗中，找出新詞的意思，以連接上下文的意思，達到自學的功能。

69 如何找出課文所傳遞的訊息？

(一) 用畫線法找出段落重點

用斜線劃分每一小段，找出文章中所傳遞的資訊，例如：人物、地點、職業、特點，再從許多訊息中找出最主要的部分

文章每一段有一個主題，但是每一段裡總會提供一些資訊，看到一個訊息，就用斜線畫出來，這樣就容易明白課文的意思了，如：

> 杜聰明是淡水人，//從小家裡很窮，//但是他十分用功//，二十九歲就成為臺灣第一位醫學博士。//他認為要救更多的人，需要更多的醫生，//因此把一生的精力，用來推動臺灣的醫學教育，教育出無數的名醫。//

上面是課文的一段，這一段裡包含了許多的資訊，用斜線畫出以後，可以明顯的看出這一段告訴我們六個訊息：姓名、籍貫、家境、性格、理想、做法，這一段就概括了杜聰明的一生了。

(二) 運用「時間」或「空間」找出課文中訊息

> 好多好多年，我就在這樣的夾竹桃下面走進走出。最初我的個兒矮，必須仰頭才能看到花朵。後來我逐漸長高了，夾竹桃在我眼中也就逐漸矮了起來。等到我眼睛平視，就可以看到粉色的美麗花朵了。

利用三種視覺效果，帶出不同時間點。先是大角度看到的景，表示自己矮小；其次仰視角度漸小，所能看到的情景；最後平視，表示

自己長高了，可以看到美麗花朵了。

這段短文出現了三個時間點，給讀者三種情境。

(三) 用分句法，找到文章中的資訊

原文	標示前
荷葉對人類是很有益處的。	①作為藥材它可以去熱清火這在本草綱目中有記載 ②作為特殊的包裝材料它不怕水浸不怕油汙在紙張缺乏和塑料生產以前它曾起過不小的作用另外 ③用荷葉煮成的荷葉粥碧綠馨香清香可口 ④而且生長了對人類有用的蓮蓬和藕 ⑤它本身很美而且襯托了荷花的美 ⑥但吸引我的不在這些也不在荷葉的自然美而是荷葉一柱擎天的精神美

原文	標示後
荷葉對人類是很有益處的。	①<u>作為藥材</u>，它可以去熱清火，這在《本草綱目》中有記載； ②<u>作為特殊的包裝材料</u>它不怕水浸，不怕油汙，在紙張缺乏和塑料生產以前，它曾起過不小的作用。另外， ③<u>用荷葉煮成的荷葉粥</u>，碧綠馨香，清香可口， ④而且生長了對人類有用的蓮蓬和藕。 ⑤它本身很美，而且襯托了荷花的美。 ⑥但吸引我的不在這些，也不在荷葉的自然美。而是荷葉一柱擎天的精神美。

上面這篇短文說明荷葉對人類的益處，寫了六個好處，畫線分點，閱讀起來就容易多了。

(四)從「課題」、「主題段」找重點

從課文的「題目」可以思維課文的重點，如課題是「黃金的故鄉」，可以想見這一課講的是：

☆一個地方，這個地方產黃金。

☆產黃金的地方，應該是熱鬧的地方。

所以，可以想見這課在講生產黃金的地方，以及這個地方所發生的種種事情。

一篇文章不論它是多少段所組成的，總有一兩段是文章的中心思想，這叫主題段，也是文章的重點，能找到主題段，對文章的瞭解可以更清楚。

一般找主題段的方法，有以下幾種：

1. 作者寫作目的在哪一段裡。

2. 作者提出的見解，或抒發感想的段落。

3. 文章中講道理的段落。

例如　創造力的重要

> 當我們發現了問題，如果能夠認真去想法子解決，不輕易放棄，往往就能夠想出一些辦法來。畢昇和金納的故事，就是兩個很好的例子。
>
> 畢昇是中國古時候發明家。當時他看到書本的印刷，用的都是雕版的方法，一頁書，刻一塊版，所費的工夫很大。這種雕版的方法，同樣的一個字出現十次，就要刻十遍。他想：既然是同一個字，為什麼要刻這麼多次呢？他日夜不斷的想著這個問題，終於想出了「活字排版」的方法來。他的想法，造成了印刷術的進步。

金納是十八世紀英國的一位醫生。他看到許多可愛的小孩子，因為感染天花，喪失了生命。許多母親因為失去孩子日夜啼哭。他想，天花真是可怕的殺手，難道我們沒有法子救孩子嗎？

　　他不停地想這個問題，不肯放棄，後來，他注意到農場裡擠牛奶的女工，因為感染了生痘，都不會出天花，才找到了種牛痘，預防天花的方法。他的發現，使全世界的孩子都能平平安安的長大。

　　畢昇和金納都是從一個小小的想法開始。他們的想法，造成了文明的進步，增進了人類的幸福。

　　　　　　　　　　　　　　　　（僑委會泰北版課本第八冊）

　　本課文的「主題段」是第一段，後面幾段只是把畢昇和金納做個介紹，用事例說明「能夠想辦法解決問題的重要性」。

<u>70</u> 如何欣賞課文的美感？

　　文學是八大藝術之一，好的文章就是一件「藝術作品」，所以文章不只是傳遞作者的思想、情感，它同時是可以感動人心、影響情感的藝術品。

　　如何讀出課文的美呢？以下幾個方法提供老師參考：

(一) 找出課文裡具體描寫的地方

讀一讀下面的短文，請問左右兩部分有什麼不同？

<table>
<tr>
<td>

　　晚飯後，小倩聽到窗外的<u>大槐樹沙沙作響</u>，她知道起風了。她<u>輕輕</u>把窗子關上，<u>關得緊緊的</u>，但是打在窗上的風勢，越來越厲害，<u>枯黃的槐樹更助長了威力</u>，灰沙不斷從窗隙中刮進來，<u>像是無孔不入的水銀</u>，總要想辦法鑽進小縫裡，<u>疲憊不堪</u>的小倩，被這陣陣大風，攪亂了已經平靜的思緒。

</td>
<td>

　　晚飯後，小倩聽到窗外有風聲，她知道起風了。她把窗子關上，但是風勢越來越厲害，灰沙不斷從窗隙中刮進來，小倩被這陣陣大風，攪亂了思緒。

</td>
</tr>
</table>

　　想一想，形容詞給了我們什麼印象，引發我們什麼樣的情感？

　　詳細而具體的描寫，是不是帶領讀者進入了一個真實環境；在一層又一層詳細的描述中，是不是感受到文中主角的心緒。多體會文字的表達，更能讀出文章的美。

(二) 找出描寫和說明的句子

1. 找一找下面兩篇文章，有什麼不同？

2. 你喜歡看哪一篇，為什麼？

畫蛇添足A

> 有幾個愛喝酒的人得到一壺好酒。於是他們商量好，大家比賽畫蛇，誰先畫好，誰就可以先喝這壺酒。
>
> 幾個人就拿著樹枝畫起蛇來。其中一個人畫好了，於是他抓起了酒壺，準備喝的時候，見到其餘幾個人都還差得遠，就又拿起樹枝，在已經畫好的蛇身上加了腳。
>
> 就在他替蛇畫腳的當下，另有一個人也已經畫好了，就一把搶過酒壺，邊喝邊說：「蛇哪來的腳啊！」
>
> 最先畫好蛇的人，只得望著一壺好酒被喝掉，自己一口也喝不到。

畫蛇添足B

> 有幾個愛喝酒的人偶然得到一壺好酒。那幾個人心想：「一壺酒大家喝，實在不過癮，要是能夠一個人獨享，那該有多痛快呀！」於是他們商量好，大家比賽畫蛇，誰先畫好，誰就可以先喝這壺酒。
>
> 一聲令下，幾個人就拿著樹枝蹲在地上，很用心地畫起蛇來。
>
> 很快地，其中一個人畫好蛇了，於是他得意洋洋地抓起了酒壺。
>
> 當他正準備暢飲一番的時候，斜眼瞥見其餘幾人都還差得遠呢，心裡一得意，就又拿起樹枝，在已經畫好的蛇身上加了腳，還沾沾自喜地說：「我能替蛇長出腳來呢！瞧瞧，我畫好腳了，你們都還沒畫好呢？」
>
> 就在他替蛇畫好了腳時，提起酒壺，正要大口喝酒時，另有一個也已經畫好蛇的人，就毫不客氣地一把搶過酒壺，邊喝邊說：「蛇哪來的腳啊！添上了腳，根本就是多餘的！」
>
> 最先畫好蛇的那人聽了這番話，十分懊惱，只得眼睜睜地望著一壺好酒被喝掉，自己卻一口也喝不到。

讓學生多念幾遍，感受一下增加的詞句有什麼不同的感覺，從分辨中體會文字的美。

(三) 找出課文的修辭法

　　一顆種子如果不落在肥沃土中，而是落在瓦片石塊堆裡，<u>它絕不會悲傷，也不會哀聲嘆氣</u>，因為有了阻力，才有磨練，才有進步。一開始就<u>充滿鬥志</u>的種子，才是<u>堅強的</u>種子，也只有這種種子所長成的樹，才不怕風吹雨打，不怕任何挫折，才可以長得高大。

　　上面短文用了什麼寫作方法？
　☆想一想，作者如何把一顆種子，變得這麼生動有趣？
　☆擬人法的寫作，給我們怎樣的感受？

　　我不能忘了我的諾言，<u>我要</u>繼續前進，一直爬到山頂。
　　讓山頂的岩石，為我的堅定作證，
　　<u>我要</u>伸開我的雙臂，<u>像</u>展翅起飛的神鷹，
　　在呼呼的大風中，對著大地高鳴。

　☆朗讀上面這段文字，想想這段文字中的「我」是怎樣的情感？
　☆這段課文用了什麼修辭方法，如果去掉這種寫法，你覺得如何？

(四) 輕輕地念課文，體會文字的節奏

　　文字透過輕輕念讀，可以感受到文字節奏的美，特別是優美的作品，值得細心品嘗，這時不妨要學生看著書輕輕地、慢慢地念課文，從輕柔中感受文章的美。

71 如何指導朗讀？

　　一篇好文章透過朗讀，不僅能提高識字、認詞、組句的能力，而且可以透過課文內容增長知識，陶冶情意。

　　朗讀是從文章中的「文字視覺」到「思維創造」，然後用「聲音」來詮釋它，這三者是相互影響的成果，它有幾種重要功能：

1. 可以訓練語言表現能力。
2. 可以增進寫作能力。
3. 有助於深入體會文學作品。
4. 有助於提升生活情趣。

朗讀的技巧

(一) 注意「斷詞」

　　文章以句子為單位，句子是由詞組成的，在朗讀時，要注意詞的重要性，要在詞的地方略作停頓，這叫「斷詞」。例如：

　　我說　人生最苦的事，莫若　身上背著一種未了的責任。（梁啟超〈最苦與最樂〉）

　　在默默裡算著，八千多日子　已經從我手中溜去，像針尖上一滴水　滴在大海裡。（朱自清〈匆匆〉）

(二) 注意「停連」

　　以語法詞義為停連的判斷。例如：

「青海青，黃河黃，還有那滔滔的金沙江。」

讀起來要「青海——青，黃河——黃（因為【青海、黃河】是名詞不能分割），還有那——滔滔的金沙江。」（「滔滔的」是形容金沙江，所以要一口氣念完它，不宜在「的」處停留。）

(三) 注意聲音的「輕重、強弱」

朗讀的聲音表現，就在語音的輕重和強弱。
例如：重要的意思要重讀，轉折之處要重讀。

鄉下人家雖然生活清淡，但是可以享受到城市無法領會的——清靜和樸拙。

打○強調的地方要重讀，打 • 的地方要輕讀。

只要細心地聽，就可以聽懂大自然的語言。

(四) 注意「節奏」

朗讀聲音要在「輕快 / 凝重」、「高亢 / 低沉」、「緊張 / 鬆弛」相對的節奏中，表現文字的情感。

蝴蝶和蜜蜂們帶著花朵的蜜糖回家，（要輕快，因為蝴蝶、蜜蜂是飛舞的小動物）
羊隊和牛群告別了田野回家了，（要略低沉，因為牛、羊覓食累了要回家）
火紅的太陽也滾著火輪子回家了，（要快一點）
當街燈亮起來，向村莊道過晚安。（凝重，因為天黑了）
夜就悄悄地來了。（鬆弛，因為夜來了，大地安靜了）

試試看，以不同的語調，念出老松樹和小松樹的對話。

　　一個晴朗的夜晚，天上的星光點點，微風輕輕的吹著，小松樹好奇的問老松樹。

　　「老爺爺，您今年有多大的年紀了？」（小朋友好奇的聲音）

　　「你問得好，我今年剛好一百歲。」（沉穩）

　　「真的嗎？」小松樹有點不相信的說：「您會不會記錯了？」（疑問的聲音）

　　「孩子，我怎麼可能記錯呢？」（自信肯定）

　　「老爺爺，您不會寫字，到底是用什麼方法，記下您的年齡？」（加強到底是用什麼方法）

　　「我是不會寫字。」大松樹慢慢的說著：「但我會把我的年齡記在我身上，我長了一歲，我就在我身上畫一圈，再長一歲，就在原來的圈外再畫一圈。」（敘述說明要慢）

(五) 可以用符號標示，提高學習的興趣和能力

　　朗讀是學習語文重要的方法之一，指導學生朗讀除了跟著老師讀，還可以把句子或語詞用不同的符號標示出來，讓學生看著符號練習，就可以學得又快又好了。朗讀符號，如：˙輕讀、○重讀、〈漸強、〉漸弱、音調往上揚、音調往下降。

　　李白面對滾滾的黃河，說它是：「黃河之水天上來，奔流到海不停留。」黃河的水，怎會從天上來呢？但是詩人眼裡，奔馳而下的河水，就像是從天上瀉下一般，正因為水從天上而來，所以下一句「奔流到海」，就顯得那麼的氣勢雄偉了。

(六) 低年級朗讀課文時，可加上動作以增加趣味、幫助記憶

　　低年級的課文短，而且又有趣味，老師在指導朗讀時加上動作，可以增加學生學習的興趣，而且容易記住課文內容。例如下面課文，可以在「家」的地方比個動作。

愛唱歌的鳥兒，樹上有個窩，那是他舒服的家。

可憐的風沒有家，東跑西跑，找不到休息的地方。

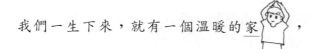

飄動的雲，也沒有家，只能到處去流浪。

我們一生下來，就有一個溫暖的家，

家裡充滿了愛。

爸爸媽媽照顧我們，爺爺奶奶疼愛我們，

我們都需要一個溫暖的家。

72 如何說明主旨、大意、心得和感想？

(一) 主旨

　　每一篇文章，都有作者想要傳遞的思想，這不是故事的情節，不是段落的大意，而是文章的中心思想，好像「侏儸紀公園」電影，編劇主要傳遞的不是公園裡發生的事情，而是要表達「生命是會自己找出路的」。

　　所以「主旨」不是文章大意，而是故事背後的思想目的。要學生找課文主旨，可能要到五年級再來學習會容易一些：

(二) 大意

　　是一篇文章的大概內容，也就是簡單說出課文的意思。

　　主旨和大意容易弄混，我們可以從兩方面來瞭解：

1. 大意是作者「寫了什麼」。（what）
   主旨是作者「為什麼而寫」。（why）

2. 表現的深度不同

   大意
   (1) 是文章表層的人、事、景、物，在文章中可以找到。
   (2) 是文章的濃縮，用幾句話把文章意思說出來。

   主旨
   (1) 是一種思想、道理，在文章中是不易找到的，它要在讀文章之後，才能瞭解的。
   (2) 它是根據脈絡線索，找出文章的中心思想。

以〈模仿貓〉為例：

> 大意：模仿貓喜歡模仿別人，他學公雞叫、學白鵝游水以
> 　　　及學白羊都失敗。後來聽見主人對模仿貓的讚美，
> 　　　才發現自己的長處，建立了自信心。
> 主旨：人要認識自己的長處，肯定自己，發揮長處。

(三) 心得

　　心得是在閱讀課文後，「心領神會」的意境，它和感想並沒有太大的分別，只是為了讓學生對這兩個詞有較清楚的分辨，我們說「心得」是「從課文得到的知識和情感」，它是內建的想法。

(四) 感想

　　感想是在閱讀之後，從文章中得到的「啟發」或是「鼓勵」。這是透過文章與生活經驗相結合的產物，它是閱讀與生活細節相對應的新思維、新觀念，所以它是從「文章內容向外擴展的想法」。

73　如何用比較法增進閱讀能力？

　　語文課除了學習課本中的生字、新詞以外，還要從課文裡學到知識、觀念、判斷能力、統整能力和創造能力。這幾種能力除了老師在課堂上講解之外，可以教學生從讀過的幾課課文裡做比較和統整，透過課與課之間的統整、比較，以增進判斷力和創造力。

　　例如下面三課課文：【臺灣第一位醫學博士】、【說故事高手安徒生】、【鐳的發現】（註：這三課課文來自86年版南一國語課文），都是寫「人」的課文，我們可以從三課課文中比較內容、主題、寫作方式、段落處理、開頭結尾的異同等。

十六　說故事高手安徒生

　　丹麥寒冷的冬夜裡，有一個鞋匠，在昏暗的燭光下，大聲念著故事書。他的孩子安徒生，認真的聽著。

　　安徒生從小想當演員，他到首都哥本哈根求學。他學演戲、學唱歌、學跳舞，都被同學取笑。遇到這麼多的挫折，他一點也不灰心，把所有的精力用在寫作上，朋友對安徒生說：「你寫的作品，就像未雕琢的寶石，有一天一定會放出光芒！」安徒生在讚美中生出信心，在信心中寫出更多優美的文章。

　　除了寫作，安徒生也是說故事的高手。他創作的「美人魚」、「國王的新衣」、「賣火柴的女孩」，小朋友都很喜歡。為了鼓勵貧困的孩子上進，安徒生把自己一生的遭遇，寫成「醜小鴨」，全世界的孩子看了他的故事，都深受感動。

十七　臺灣第一位醫學博士

杜聰明是淡水人，從小家裡很窮，但是他十分用功，二十九歲就成為臺灣第一位醫學博士。他認為要教更多的人，需要更多的醫生，因此把一生的精力，用來推動臺灣的醫學教育，教育出無數的名醫。

在七十多年前，臺灣有許多人吸食鴉片。杜聰明為了救人，發明了用尿液篩檢的方法，找出吸鴉片的病人，他是

安徒生被稱為「童話之王」。七十歲那一年，他告別了他所創造的童話世界。但是，只要有孩子的地方，安徒生就會把歡笑和愛心播種在那裡。

思考與討論：
一、「醜小鴨」這個故事，給我們什麼啟示？
二、請小朋友說一個安徒生所寫的童話故事。

86

最成功的反毒專家。直到現在，尿液篩檢法仍然是全世界最通用、最方便的驗毒法。

臺灣的山林中有許多毒蛇，每年有一萬多人被毒蛇咬傷。杜聰明從毒蛇的血清中，找到以毒攻毒的方法，救了許多人的性命。如今，我們不但知道，「毒蛇血清」可以救人，而且可以做其他的用途，「毒蛇的研究」成了臺灣科學上的重要成就。

杜聰明從不追求名利，而且愛人如己。雖然他身材瘦小，卻是臺灣醫學界永遠的巨人！

主題：醫學的重要性

主講人：杜聰明博士

思考與討論：
一、杜聰明為什麼要反毒？
二、你覺得「巨人」有什麼特別的地方？

89

十八　鐳的發現

有人問居禮夫人：「如果你可以許一個願，你最想要的是什麼？」居禮夫人說：「我要一克鐳。」

鐳是什麼？

從西元一八九八年開始，居禮夫人和他的先生，天天在一間破舊的倉庫做實驗。下雨時，屋裡滴滴答答的漏水；出太陽時，屋裡又熱得像烤箱。但是，不管工作多麼辛苦，他們找尋新元素的決心，卻從來沒有動搖。

四年之後，居禮夫人從許多鈾礦中，提煉出一根火柴大小的「鐳」。鐳，在黑暗中發出藍色的光，這種光能穿透各種物體，醫學上用它治療可怕的癌症。

在第一次世界大戰的時候，居禮夫人親自上前線，她用「鐳」幫助受傷的士兵，使他們很快復原。她的勇氣和科學成就，讓全世界的人刮目相看。

居禮夫人，是第一位得過兩次諾貝爾獎的女性，她是科學之母，也是女性之光。

思考與討論：

一、居禮夫人為什麼被稱為「科學之母」？

二、科學家為什麼受人尊敬？

92

	十六、安徒生	十七、杜聰明	十八、居禮夫人
主題	外國童話創作者，寫他受到的挫折和創作膾炙人口的童話作品。 （外國人文學家）	臺灣本土的醫生，發現尿液篩檢法和毒蛇血清治療法。 （臺灣人醫生）	外國女性科學家，發現鐳的偉大成就。 （科學家女性）
課文結構	順序法： 從小寫到老 先說 安徒生的背景。 再說 安徒生創作過程。 後說 安徒生對後人的貢獻。	總分合法： 總起 杜聰明的背景。 分述 成就(一)發現尿液驗毒法 分述 成就(二)發現蛇的血清的作用 結論 杜聰明是偉大的醫生。	起 用設問法，提出主題「鐳」。 承 說明鐳被發現的經過。 轉 說明鐳的功用。 合 居禮夫人的偉大成就。
開頭寫法	用迂迴式方法開頭，從遠處把鏡頭拉近到安徒生身上。	用開門見山法，直敘簡單生平。	用「設問法」開頭。
句法的差異	1. 用排比句寫挫折。 2. 用比喻句寫讚美。 3. 用頂真句寫成就。	用平鋪直敘的方法寫事件。	用時間分段敘述，寫居禮夫人一生。
延伸教材內容	讀安徒生的童話故事，認識安徒生的作品。	認識臺灣醫學上還有哪些成功的醫生，他們的成就和杜聰明有什麼不同？	1. 認識科學家的研究精神。 2. 比較性別在職業上的差異。

74　如何用「圖解法」講解課文？

一篇文章由好幾個段落組合而成，閱讀不加以分析，不標示重點，不容易很快掌握文章內容，抓住文章重點。認識文章寫作方式最好的方法，就是用各種圖解法加深學習的印象。例如：

(一) 用方框標示出文章的重要部分

1. 一般人看山，也許只看到山的外表，詩人可以看到山的（對比句）

   嫵媚：一般人看海，可能只看到海的湛藍，詩人可以聽到海（並列句所以用分號）

   浪與岩石的對話。

2. 我們愉快的走在山上，只覺得一路的花蝶、十里的清風、滿山的詩情。

   （這是排比修辭，排比句是有三個短語以上的句子。）

(二) 用段落大綱標示文章中的相互關係

如：

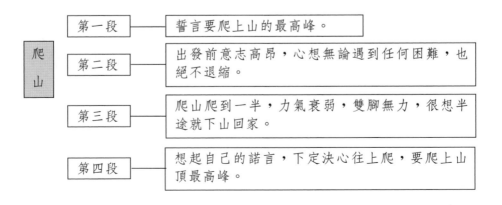

課文如下：

(一)抬起頭，挺起胸。	(三)走過一程又一程，
看著山頭的白雲，	我的力氣漸漸衰退，
凝望青青的天空，	雙腳變得軟弱，
自己許下了諾言，	滿臉都是汗水。
我要做個小英雄。	爬山實在太累，
征服這座山，爬上最高峰。	心中有些後悔。
	回去吧！我要好好睡一睡。
(二)我意志高昂，全身充滿了力量，	
不管前途多麼艱難，	(四)我不能忘了我的諾言，
也難不倒我的雙腿，	我要繼續前進，
我要向前行，絕不後退。	一直爬到山頂。
	讓山頂的岩石，
	為我的堅定作證，
	我要伸開我的雙臂，
	像展翅起飛的神鷹，
	在呼呼的大風中，
	對著大地高鳴。

（僑委會泰北課文羅秋昭主編）

(三) 用圖形式歸納文章內容

1. 方格連環形

〈孔明借箭〉

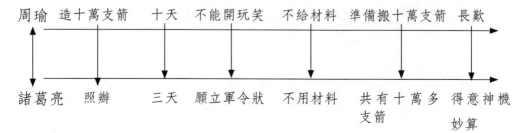

孔明借箭

　　有一回，孔明準備和吳國大將周瑜聯合起來，抵抗曹操的水軍。周瑜知道孔明足智多謀，對他又敬佩又嫉妒。周瑜對孔明說：「為了阻止曹操的水軍進攻，請你在十天以內，造出十萬枝箭。」

　　孔明說：「十天太久了，只要三天，我就可以交上十萬枝箭了。」

　　孔明準備了二十艘船，船上只帶了幾個士兵和一些大鼓，在船的兩邊放了很多稻草人。第二天孔明沒有動靜，到了第三天，江上起霧。這時候，孔明下令用繩子把二十艘船連接起來，出發前進。船隻漸漸靠近曹操的水軍，孔明叫船上的士兵擊鼓大喊，他自己卻和部下飲酒談笑。有人問他：「萬一曹操真的派兵出來攻打，你怎麼辦？」孔明笑著說：「曹操天性多疑，我料定他在大霧中不敢出兵，我們放心喝酒吧。」

　　曹操果然不敢出兵，只叫弓箭手向江中射箭。一萬多個弓箭手，射出來的箭，像下雨一般射在草人上。等大霧漸漸消失了，孔明立刻下令收船。這時候，算一算，船上的箭早已超過十萬枝了。於是孔明命令船上的士兵齊聲高喊：「謝謝賜箭！」

　　孔明把那十萬多枝箭交給周瑜。周瑜只得感嘆的說：「孔明神機妙算，我實在不如他啊！」

2. 不規則形

　　有時針對一篇文章，可以用不同的方式，畫出文章中所表達的內容，例如：〈田忌賽馬〉，故事說的是孫臏用了巧智，幫田忌贏回了比賽。我們可以用下面的圖來說明。

```
            田忌      齊宣王
第一次      上 ——————— 上      對等出場      田忌大敗
            中 ——————— 中      （鬥力）      （三敗）
            下 ——————— 下


第二次      上         上      改換出場      田忌反敗為勝
            中 ╳       中      （鬥智）      （兩勝一敗）
            下         下
```

田忌賽馬

　　齊國的大將田忌很喜歡賽馬。有一回他和齊威王約定，要進行一場比賽。

　　他們各自把馬分成上等馬、中等馬和下等馬。比賽時，田忌用他的上等馬對齊威王的上等馬、中等馬對中等馬、下等馬對下等馬。結果三場下來，田忌都失敗了，他只得垂頭喪氣的離開賽馬場。

　　這時田忌的好朋友孫臏走過來，對著田忌說：「從剛才的情形看，大王的馬，並不比你的馬快多少啊！」

　　田忌聽了有點生氣，說：「比賽都輸了，還來取笑我嗎？」

　　孫臏說：「我不是取笑你，是想告訴你，我有辦法讓你贏回來！」

　　田忌問：「你有什麼辦法？」

　　孫臏說：「你再和齊威王比賽一次吧！我自有辦法讓你贏這場比賽。你只要按照我的方法就可以。」

　　齊威王看到田忌和孫臏走過來，就對田忌說：「你輸得不服氣嗎？」

　　田忌說：「當然不服氣！」

　　齊威王：「那麼，你想和我再比賽一次吧！」

　　立刻，號角聲響起，田忌和齊威王的馬一起進場。首先，孫臏讓田忌的下等馬對齊威王的上等馬，第一場田忌輸了。接著進行第二場比賽，孫臏讓田忌拿上等馬，對齊威王的中等馬，勝了第二場。後來田忌拿中等馬對齊威王的下等馬，又勝了。

　　比賽結果，田忌贏了齊威王兩場。還是原來的馬，想不到只是調換了出場的順序，就可以轉敗為勝了。

3. 圖畫式

　　小孩都喜歡看連環圖，圖像容易引起好奇，吸引目光，下面一小段文章也可以用圖畫的方式來說明，以提高學習興趣。

小草的種子在土裡沉睡一段時間以後，只要有充分的溫度和濕度，它的根就會像地鼠一般，努力的向土裡鑽，而它嫩嫩的、細細的小芽，就會像大力士一般，衝破壓在身上的泥土，掀開阻擋它們生長的石塊，它們不怕艱難，努力的向上長，不久就可以展露出它們色澤嫩綠的小芽了。

4. 重點式

　　有一則〈貪心的漁婦〉故事，看完故事，用下面的符號表示，可以把故事的內涵說得更清楚，對故事所給予的啟發也會更深刻。

貪 ──→ 貪 ──→ 貪 ──────→ 貪 ──→ 一無所有
（要木桌）　（要求新房子）　（要求當女皇）　（要求當海上女霸王）

貪心的漁婦

　　從前蔚藍的海邊住著一對夫婦。有一天老頭兒出去打魚，第一次拖上來的是一網水草，第二次拖上來的是一堆小蝦，第三次他釣到一條身上發光的金魚。金魚對老頭兒苦苦哀求，請老頭兒放了它，並且答應給他重重的報酬。

　　老頭兒回家把捕魚的經過告訴太太，老太太聽了就說：「既然金魚要幫你，為什麼不答應呢？你看家裡的木桌已經破的不能用了。」

於是老頭兒走向大海，對著大海叫喚金魚，一會兒，金魚游過來了。老頭兒說：「我家木桌太破了，請給我一個新的木桌吧！」金魚聽了點點頭兒：「你回去吧，新的木桌已經在你家裡了。」

老頭兒回家果然看到一個新的木桌，兩人都開心的笑了。不久，老太太對老頭兒說：「既然金魚可以幫我們，就請它幫我們造個新木屋吧！」

第二天，老頭兒又到大海邊，對著大海大聲的叫金魚。金魚游過來問：「你要什麼啊？」老頭兒不好意思的說：「我家老太太說，我們的屋子太舊了，請你給我們一個新家吧！」金魚說：「我答應你的要求，快回去吧！」

老頭兒回到家，果然看見一個新家，心裡真是高興極了。可是不久，老太太又吵著老頭兒去求金魚，這回她不想當漁婦了，她要當個女皇，住在宮殿裡，有僕人侍候她。老頭兒對老太太說：「你不可以太貪心，現在已經很好過了。」

後來，老頭兒被老太太折磨的很痛苦了，於是他只得到海邊，又叫著金魚。金魚游過來了，聽了老頭兒的話，嘆息了一聲，對老頭兒說：「你的妻子太貪得無厭了，她將會自食惡果，你什麼也不必說了，你回家吧！」

老頭兒回到家裡，家還是破破的木棚，而那缺了一角的木桌子還是放在門口。

75 如何指導課外閱讀？

(一) 從讀報開始

每天從《國語日報》上剪一小則新聞，老師讀或找學生讀，讀了以後，老師簡單解釋文字中較難懂的語詞，或問幾個相關問題就可以了。

每天讀一小則，日積月累就可以增加語文能力，同時也增加了一般常識或時事訊息。

(二) 去圖書館蒐集相關資料

配合課文，閱讀相關課外書籍，探索、蒐集、研究相關文章，藉著學生去圖書館，尋找與課文相關的資料或讀物，以達到課外閱讀的目標。

(三) 用遊戲法培養閱讀興趣

1. 老師先念這本書的前半段，要學生去閱讀後半段。
2. 老師說自己最喜歡的部分情節，要學生去找更精彩的部分。
3. 老師提出幾個問題，要學生從書中找答案。
4. 老師從書中找一些問題，做有獎徵答的比賽活動。

(四) 全班讀相同的一本書

閱讀要有不同方式，有時學生各自找自己喜歡的書來讀，有時候要全班讀相同的一本書，讀相同的書老師方便指導閱讀，如果學生各讀各的，老師只得個別指導了。

指導的方法，可以在學生閱讀前先問幾個題目，再讓學生自行閱讀，問題不用多，但要清楚，也要是故事的重要情節，或是故事轉折處。例如：

1. 主角是誰？他在本書第幾頁出現？
2. 什麼原因讓主角大哭，「哭」與本故事情節有什麼關係？
3. 書中的○○○是不是值得同情，為什麼？
4. 請問你會介紹這本書給同學嗎？為什麼？

(五) 老師以身作則

1. 老師在休息時間看書（想介紹給學生看的書）。
2. 老師故意打開某一頁放在桌上，引起學生好奇。
3. 上課時，老師介紹書的部分內容。

76 如何引起閱讀的興趣？

　　課堂上閱讀教學如果一成不變，孩子們就會覺得乏味，所以改變教學策略，才能引起學生學習興趣。下面提供幾種方法給老師們參考。

(一) 地圖閱讀法

　　讀一篇文章，把文章裡的關係用圖表呈現出來。例如：

> 　　有一條小河，快樂的唱著歌，流過村莊，流過田野。
>
> 　　小河的水很乾淨，河底的小石子看得很清楚。小魚兒在河裡游來游去，孩子們好喜歡在河邊玩水，農人用小河的水來種田、種菜。
>
> 　　小河沒有名字，大家都叫它「美麗的小河」。
>
> 　　不知道什麼時候開始，小河邊堆滿了垃圾，河面上漂著許多髒東西，工廠的汙水也流進小河裡。
>
> 　　河水變得又黑又臭，現在看不到河裡的小石子，也看不到小魚兒游來游去，農人更不敢用又黑又臭的河水種田、種菜。大家都叫小河「臭水溝」。
>
> 　　小河覺得自己又臭又髒，一點兒也不快樂，所以再也唱不出快樂的歌了。（泰北版華文課本）

有一條愛唱歌的快樂小河	小河很乾淨，小魚在游水，小孩在玩耍，農人用它的水種菜，它是美麗的小河	人們不知愛惜，堆滿垃圾，工廠排放汙水，小河變得又髒又臭。	小河變得不快樂，也不再唱歌了。

(二) 重組閱讀法

　　把課文的段落打散，要學生重新組合起來，只要能把課文組合得正確，就表示已經瞭解課文了。

　　例如〈美麗的風景在哪兒〉短文，剪成八段，讓學生組合，再和學生討論為什麼這麼排列。

1. 「對！各地都有美麗的風景。四季的變化，也會產生不同的景象，只要你仔細觀察，我們身邊也有美好的風光。」

2. 有人說，日月潭的景色好美麗啊！也有人說，阿里山上的雲海和日出才壯觀呢！經常出國遊玩的同學說，他喜歡看草原上成群的牛羊；還有一個去過大陸的同學說，桂林的山水如詩如畫，真像是人間仙境。

3. 「每個人只要敞開心胸，細細的去欣賞，就會發現，不管是山上的一草一木，還是路旁的一花一葉，都有不同的美。你們說，美麗的風景在哪兒呢？」

4. 老師點點頭，笑著說：

5. 老師又補充說：

6. 老師問我們說：「美麗的風景在哪兒呢？」

7. 接著，老師指著窗外說：

8. 「你們看！那幾朵小花和幾棵老樹，不就是一幅風景畫嗎？」

答案：(6)、(2)、(4)、(1)、(7)、(8)、(5)、(3)。這一則短文的第一段是問句：「美麗的風景在哪兒呢？」最後一段得到的答案「你們說，美麗的風景在哪兒呢？」正好呼應了第一段。

(三) 分句式閱讀法

例如：把課文分成好幾句來閱讀，它原本是一篇連貫的課文，把它分解成句子來讀，也別有趣味。

「想像」是詩靈魂，沒有想像就沒有詩。//詩人透過想像，把平常的事物，變得生動有趣。//‧一般人看山也許只看到山的外形，詩人可以看到山的嫵媚；//一般人看海，可能只看到海的湛藍，詩人可以聽到海波和岩石的對話。//‧李白面對滾滾的黃河，說它是：「黃河之水天上來，奔流到海不復回。」//黃河的水，怎會從天上來呢？但是詩人眼裡，奔馳而下的河水，就像是從天上瀉下一般，正因為水從天上而來，所以下一句「奔流到海」，就顯得那麼的氣勢雄偉。//‧又如下雨是自然而平常的事，而王維卻能寫出「山中一夜雨，樹梢百重泉」的詩句，把葉尖上流下的雨水，看成了千百道的清泉。//‧所以，詩人透過想像，總把不起眼的事物，變得美麗而令人興奮。//‧我們也要張開想像的翅膀，在詩篇的世界裡翱翔。

(四) 同學互讀法

兩個同學一組，把閱讀教材（報紙或文章）分為兩部分，一個同學讀前半部，另一個同學讀後半部，讀畢兩人再相互提問，把報紙上的事件或文章內容瞭解清楚。

(五) 引起好奇心，導引學生閱讀

老師為引起學生對閱讀的興趣，不妨把一本希望學生閱讀的書，放在容易看到的地方，當學生好奇地去翻閱時，老師還要故意地說：「這是很好的書，但是你們看不懂的。」學生因為好奇，一定會去翻閱的。

老師可以講一段精彩內容，等學生更好奇了，就可以介紹學生看新書了。

(六) 建立個人「閱讀存簿」

開學時，老師先列出三十本課外讀物，然後把學生分組，每組六人，每人買五本書即可以交換閱讀，而讀完三十本書。把閱讀的書頁寫在小本子中，像是存款簿一般，寫出書名、閱讀日期、閱讀頁數、閱讀簡單內容等。

(七) 寫出佳句

開學時，老師發給學生一人一本筆記本，要學生每回閱讀時，都能寫出三、五句佳句，累積佳句也是累積寫作的材料。

(八) 全校或各年級舉辦閱讀有獎徵答

每個年級可以讀同樣的幾本書，半學期或一學期，舉辦一次閱讀有獎徵答，可以用「通訊方式」，讓學生把答案投到信箱裡；可以用「打擂臺」方式，每班選出三五人，分組搶答，以增加閱讀興趣及團隊合作精神。

陸、寫作教學

插圖繪者：楊麗玲

77　何時開始教寫作文？

　　常常聽家長問起：「什麼時候開始學寫作文？」

　　這首先要定義什麼是「作文」？

　　如果「作文」就是用文字把想說的話寫出來，那麼只要學會寫字，甚至能用注音符號表達想法，就可以寫作文了。也就是說，一年級有一年級寫作的內容，五年級有五年級寫作的內容；簡單地說，作文就是用文字來表達思想。

　　如果我們定義「作文」是：有主題、有完整結構、有較豐富內容的文章，那麼作文就是需要儲備足夠的識字量、多樣的句型，還要有多一些見聞才好開始寫作文。

　　目前九年一貫課程綱要從小學三年級開始寫作文，認為三年級已經具備了一千多字的識字量，加上思考成熟些，可以寫出有主題的文章了。其實只要學生想表達自己的想法，都可以指導寫作，一、二年級可以寫寫幾十個字的短文，三、四年級再開始寫較有結構的作文。

　　開始寫作時，不妨先從《國語日報》找出一兩篇小學生作文，讓學生閱讀，再一起討論什麼是「作文」，小小作者表達了什麼想法，然後再引導學生仿作，寫一篇類似的短文，這樣進入作文領域就會容易多了。

　　就筆者所知，有些實驗小學以「先識字，再閱讀，後寫作」的方式進行語文教學。例如：

　　小學一、二年級以「大量識字」為主，這些實驗學校藉著課本和課外讀物，要一、二年級兩年裡，認識一千到一千五百字左右。

　　小學三、四年級以「加強閱讀」為主，一、二年級學生有足夠的識字量為基礎，開始閱讀的訓練，從閱讀中培養寫作能力。

　　小學五、六年級以「分部寫作」為主，分別以不同文體或不同結構的方式寫作文，每兩週寫一篇作文，從大量寫作中，培養作文能力。

78 怎樣指導「觀察」，充實作文內容？

　　學生不喜歡寫作文，常常是因為不知道要寫什麼？不知道要寫什麼，就表示心裡沒有儲存資料。如果平時儲備了寫作材料，拿筆寫作時，就不覺得困難了。

　　寫作文就是寫眼睛看到的、耳裡聽見的、心裡所想的，其實它不是那麼困難的。只是平時不去觀察、不去思考，腦子一片空白，那就不知如何下筆了，所以儲存資料是很重要的工作。

　　「觀察」是指導寫作文前最重要的訓練。平常老師上課時，要常常問學生：

「你看到什麼？」

「你看清楚了嗎？」

學習觀察，可以從三方面著手：

1. 老師要不斷提醒學生

老師每天上課前問幾個問題，提醒學生仔細觀察周邊的事物。例如：

　　你在路上看到什麼？

　　今天校長穿什麼顏色的衣服？

　　老師今天和昨天有什麼不同？

　　看到校門口的大樹開花了嗎？花是什麼顏色？什麼樣子？

2. 觀察時，不要單看一樣東西，還要和周圍的事物關聯起來，例如：

　　你看這棵樹有多高？它有教室一層樓高嗎？

　　你看到樹上有幾隻小鳥？你想牠們在做什麼？

　　窗外的樹有什麼不同？樹幹、樹葉的顏色或形狀有什麼不同？

　　這些樹有什麼功用嗎？

3. 觀察要順著方向看，不要東看一下、西看一下，變得跳躍而
　 沒有條理。

　　例如：看下面的圖片：

　　這是一件放在草地上的大型雕塑作品，先從大方面說：有一組
雕塑，放在空曠的草地上。

　　從上往下：

　　有一群人，手裡撐著傘，他們站在石階上，每一個人都有不同
的動作和表情，但是他們都望向同一個方向。

　　然後再從左邊往右邊看：

　　左邊有一個人，穿著西服，頭戴著帽子，肩上背著行李，左手
拿著一把傘，他望向遠處，似乎在等著前方的友人，他後面有一群
人背著行李，手上撐著傘，三三兩兩的望著遠方。右邊有一個人拉
著行李，像是剛走下臺階，開始他的旅程。

　　想一想，他們在做什麼？
　　你能給這個雕塑作品一個名稱嗎？

79 如何教學生寫好句子？

句子是寫作的基本要素，說出通順有條理的句子很重要，因為它是語文訓練，也是邏輯的訓練。

(一) 上課時要學生口頭造句，避免造出兩個以上相同的句子

學生容易模仿前一位同學的句子，如果老師不轉移方向，就會浪費時間在同一個情境下打轉，造出相同句子。為了避免學生相互模仿，造出一樣的句子，老師要適時請學生換句話說，或換個主詞、場景等，也就是轉換時間、空間或事件，就可以造出不同的句子了。

例如 用「難過」造句

甲生：我丟掉一支鉛筆很難過。

乙生：我丟掉一個玩具很難過。

老師可以對學生說，換句話說「我丟掉一枝筆，很難過。」這句話還可以怎麼說。也許學生會說：「今天我很難過，因為我丟了一枝心愛的筆。」

(二) 幫學生把句子加長

有時學生句子敘述的不夠完整，老師可以幫忙把句子加長，學生聽多了，就知道原來要加上時間，或把事情說得更細膩些。例如：

小明：我把杯子打破了。

老師：我知道小明要說的是，「今天早上，吃早餐時，我不小心把杯子打破了。」加上時間、事情發生的起因，就可以使句子更完美了。

(三) 摘錄優美佳句

開學時，每個學生發一本「佳句本」，要學生利用課餘時間，從課文或課外書籍裡找佳句，然後把佳句寫在本子裡，老師可以要求學生每天摘錄二、三個佳句，積少成多，就可以儲存寫作的材料了。

(四) 把握句子的重要因素

句子要完整，要有主詞，要有事件，還要能兼顧時間、地點就更好了。

一、二年級開始寫句子，就要求學生寫完整的句子。可以從以下三種句式開始訓練：

1. 誰做什麼？
2. 誰在什麼地方做什麼？
3. 什麼時候，誰在什麼地方做什麼？

例如：

<u>每天早上，天一亮，</u><u>李伯伯就</u><u>到家附近的公園裡</u><u>打太極拳。</u>
　　時間　　　　　人物　　　　地點　　　　做什麼事

(五) 把句子寫具體

小學生寫作文，沒話可說，就是因為寫得太簡單了。

如果寫得具體一點，文章就可以長一點、豐富一點。例如：

☆「小華在掃地」可以寫成：

　→「小華穿著媽媽的圍裙，拿著長長的掃把在掃地。」

(六) 運用「連接詞」使句子多樣而有變化

句子完整了，就像做蛋糕，要使蛋糕有賣相，那就要在蛋糕上加上奶油，放上果仁。寫句子也要加些修飾，運用連接詞，把單句變複句，使句子生動。例如：

☆早上小明上學去了。

這已是完整的句子，但是為了讓句子更美，讓敘述更細膩，就要加些材料，把單句變複句，使它更豐富。如下句：

「今天早上七點鐘不到，小明 就 穿上制服，背起書包，上學去了。」

加上時間和動作，而且用了一個【就】字，把時間縮短了，而且寫出了小明喜歡上學的興奮樣子。

又如：

「小芳是個聰明的女孩，她長得很漂亮，她很有禮貌。」加上連接詞可以變成：

☆「小芳是個聰明的女孩，她<u>不但</u>長得漂亮，<u>而且</u>很有禮貌。」

☆「小芳是個聰明的女孩，她<u>不僅</u>是個美麗的女孩，<u>也</u>是一個懂事而有禮貌的女孩。」

☆「小芳是個聰明的女孩，她<u>除了</u>有美麗的外貌，<u>還有</u>謙虛而有禮貌的態度，<u>所以</u>人見人愛。」

運用連接詞，不但省略了重複出現的主詞，而且使句子變得優美了。例如：

☆「海倫一歲半時，生了一場大病。她變成了聽不見、看不見，無法說話的人。」

如果加上連接詞，句子會是這樣的：

☆「海倫一歲半時，由於一場大病，她不僅聽不見、看不見，而且還是無法說話的多重障礙者。」

由於 說出了原因，不僅……而且 遞進的說明，這比原來句子語氣和緩一些。

念念下面的句子，想想連接詞在句子裡的作用。

她最大的希望是能進入最好的大學，許多朋友都認為這是不可能的事，但是，蘇利文小姐陪著海倫不斷努力用功，終於使得海倫考進了哈佛大學。

念念下面的句子，去掉轉折的連接詞，會有什麼不同的感覺。

黃河的水，怎會從天上來呢？但是在詩人眼裡，奔馳而下的河水，就像是從天上瀉下一般，正因為水從天上而來，所以下一句「奔流到海」，就顯得那麼的氣勢雄偉了。

80 如何指導「擴句」？

「擴句」就是擴寫句子，把句子加長。

為什麼要練習「擴句」呢？主要的目的就是在寫作時，要把某一部分說明得更清楚，或是敘述得更明白，為了把情境寫得細膩而清楚，所以要做擴句的練習。

首先我們要想一想，擴寫是要把哪一部分寫得細膩些，是要把「時間」說清楚呢？還是「地點」寫詳細？或是要把「事情經過」寫得更詳盡呢？所以先找出要擴寫的部分。

很重要的一個觀念是：「擴寫」不是在句子上加上形容詞，也不是加上成語，而是加強某一部分的說明或描寫。

我們可以從下面幾個部分著手：

(一) 在句子裡加上時間、地點、動作（就是較詳細的描繪）

原句：小白兔跑來跑去。

擴句：（可愛的）小白兔（在草地上），（開心的）跑來跑去。
　　　　　形容　　　　　　　地點　　　　　跑的樣子

(二) 具體寫出時間、地點和事情

（什麼）時候+（誰）人+在（什麼）地方+做（什麼）事情

原句：「晚上，我們坐在院子裡，看天上的星星，吃媽媽做的點心。」

擴句：在一個無風無雨的夜晚，我們全家人坐在充滿花香的院子裡，一面看著天上的星星，一面吃著媽媽為我們準備的點心。

(三) 用譬喻法擴大句子

譬喻法就是「什麼東西像什麼東西」。比如說：

「媽媽的眼睛像天上的星星，它望著我，也指引我方向。」

「他迷路了，急得如熱鍋上的螞蟻。」

82　怎樣指導「縮句」？

　　首先想一想，為什麼要做「縮句」的練習？

　　縮句就是「長話短說」的練習。生活中，有時我們不需要把每一件事都說得詳細，要把想說的話，簡單明瞭地表達出來即可。這種本來文字很多的長句，我們要有技巧地把可以省略的部分刪去，把重要的部分保留下來，就是縮句的練習。

　　縮句要省略什麼呢？

(一) 刪去形容詞

　　正當老虎~~張開嘴巴~~想~~一口~~吃掉狐狸時。狐狸~~大喝一聲~~說：「~~好大的膽子！~~你敢吃我？」老虎聽到~~狐狸的聲音~~嚇了一跳。

　　縮寫成：

　　正當老虎想吃掉狐狸時，狐狸說：「你敢吃我？」老虎聽到嚇了一跳。

(二) 用改寫句子方式，縮短文字

　　例如：「不管是天熱難耐的夏天，還是寒風刺骨的冬天，爸爸都去學校當義工，從來不缺席。」

　　縮句：

　　不管夏天、冬天，爸爸都去學校當義工。

(三) 用文言方式把句子縮短

白話文

　你看這些重重疊疊映在臺階上的花影//我叫小童子去把它掃去，可是怎麼也掃不掉那些零落的影子//在陽光下，看著花影一寸一寸地移動，太陽下山，花影不見了//可是月亮一上來，月光又把花影喚回來了。

　1. 先把意思畫線分句。

　2. 再用簡潔句子寫意思。

　3. 縮寫：

　重重疊疊上瑤台，幾度呼童掃不開。

　剛被太陽收拾去，卻教明月送將來。　　　　　　　（蘇東坡「花影」）

　或：

　花影重重疊疊映在瑤台上，但孩童掃不去花影，太陽下山，花影不見了，月亮出來，花影又映在瑤台上了。

82 怎樣指導「換句話說」、「照樣造句」？

(一) 換句話說

文學被稱為「文藝」，說明了寫作像藝術一般，可以隨著個人習慣，用不同的句子結構、不同的角度，去表達同一個意境。文學是用活潑多樣的語詞，寫出複雜情感的一門藝術。「換句話說」就是同一情境，可以有不同的寫法。

國語教學也有「換句話說」的練習。「換句話說」就是意思不變，句子形式可以任意變化。例如：

「鮭魚返鄉產卵是動物界的奇景。」
換句話說：就是「每到鮭魚產卵的季節，鮭魚就會找到回家的路，回到家鄉去產卵。」

又如：「李小華演講得了第一名。」
換句話說：這次演講比賽，得到冠軍的是李小華。

(二) 照樣造句

照樣造句是依相同的句式寫句子，重點在句子的結構。例如：
小狗一看到主人回家，馬上搖著尾巴迎接主人。
句子的結構是（物）一看到（某個情境）馬上（某個動作）。
照樣造句是：

☆小明一回家，馬上拿起搖控器看電視。
☆老師一進教室，馬上拿起粉筆在黑板寫字。
☆小狗一看到主人回家，馬上搖著尾巴迎接主人。

83 用什麼方法增進造句能力？

(一) 組句法

1. 老師先給學生分組，然後發給學生幾個詞卡，請學生造完整的句子。

爸爸、弟弟、一個老婦人、小姐
在、坐在、去、來、走、買、到、和、學校、車站、公園
看書、遊戲、玩球、唱歌、衣服

2. 老師計時，讓各組把造出的句子寫在長條紙上。

3. 老師把學生造的句子貼在黑板上，全班一起討論和修正，完全正確的得一分。

(二) 拼接句子

老師提供「半句話」（或是前半句，或是後半句），讓學生寫出另外的半句話，使句子完整通順。例如：

1. 他雖然聰明，但是不用功，＿＿＿＿＿＿＿。
2. 放學時，小方走在校門口一不小心＿＿＿＿＿＿。
3. 早上小方起床時，頭上冒汗，＿＿＿＿＿＿＿＿。
4. 走廊上有掃把和水桶，＿＿＿＿＿＿＿＿＿。
5. ＿＿＿＿＿＿＿，小友拿著獎杯，感動地流下眼淚。
6. ＿＿＿＿＿＿＿，校長摸著英英的頭說：「你拾金不昧，真是好孩子。」

(三) 用連接詞造句法

1. 把學生分組，可以做連接詞的造句，可以做形容詞的造句。

2. 老師提出連接詞：

就、可是、因為、無論、所以、也、雖然、如果、只要、卻

或是形容詞：

五彩繽紛、五顏六色、色彩絢麗、冰天雪地

或是副詞：

久久的、默默的、出神的、目不轉睛的、凝神的、深情的、全神貫注的

或是量詞：

一片、一張、一方、一塊、一朵

3. 老師從一些連接詞中抽一、二張給各小組，要學生在限定時間內完成句子，再一起討論哪一個句子寫得最好。

(四)「換詞」訓練法

換詞，就是用一個語詞去替換文章中另一個相關的語詞。

1. 換「連接詞」

(1) 昨晚他睡得早，（　　　）今天還是起得晚。

(2) 昨晚他睡得早，（　　　）今天還是起得晚。

(3) （　　　）今天要早起，他昨晚還是睡得晚。

(4) （　　　）昨晚他睡得晚，（　　　）今天他還是起得早。

(5) （　　　）小華生病了，（　　　）今天沒來學校上課。

(6) （　　　）小華生病了，（　　　）他今天還來學校上課。

(7) （　　　）小華生病了，他（　　　）會來學校上課的。

2. 換「形容詞」

(1) 妹妹要上臺表演，她穿了一件＿＿＿＿＿的衣服。

(2) 妹妹要上臺表演，為了吸引觀眾的眼光，她穿了一件＿＿＿＿＿的衣服。

(3) 颱風過後，大街小巷＿＿＿＿＿。

(4) 新年到了，大街小巷＿＿＿＿＿。

(五) 用標點符號，讓句子優美完整

1. 學生先分組，約三個人一組。

2. 老師給學生一篇沒有標點符號的文章，要學生加上標點符號。例如：

(1)小方充滿信心的說沒問題的這點小事嚇不到我的

(2)小美和媽媽坐在草地上她們看著小水滴一滴一滴的從竹葉上滴到土裡

(3)小雨滴不理石階的話每天早上把竹葉上的露水努力的往石階上滴下雨了也把雨水努力的往石階滴就這樣一年過去了十年過去了幾十年過去了只要有露水只要一下雨小水滴就一點一點的往下滴小水滴終於把石階穿了一個洞

3. 老師要學生在限時內完成，然後公布正確答案。

(六) 加形容詞或譬喻法

1. 老師先把學生分組，給幾個簡單的句子，例如：

現在小鷹長大了，變成（　　　）。他可以飛到高山上，看到（　　　）；他可以飛到大海上，看到（　　　）；他（　　　）的飛，是一隻（　　　）大鷹了。

2. 學生試著填寫句子括號中的形容詞。

3. 把每一組的成果念給同學聽。

（老師可以從不同版本的課本裡找資料，把課文裡的段落或句子去掉形容詞，要學生去填寫，即可以訓練學生造句能力。）

(七) 用圖表法

主詞	一	動詞	就	動詞或形容詞
我	一	回家	就	把功課寫好。
哥哥	一	下課	就	去打球。
爸爸	一	到星期六	就	帶我們去看電影。

		再	形容詞	主詞	也	動詞短語
我不喜歡她，	她	再	漂亮，	我	也	不會喜歡她。
哥哥喜歡打球，	天氣	再	冷，	他	也	要去打球。

物	再怎麼	（形容詞）	也	沒有	誰	（形容詞）
狗	再怎麼	聰明，	也	沒有	人	聰明。
電腦	再怎麼	快，	也	沒有	人	的思想快。

一件事	不但	反而	動詞短語
我跌倒了，	他「不但」不扶我起來，	反而	在一旁嘲笑我。
姐姐實施減肥計畫	一個月以後，體重「不但」沒有下降，	反而	增加了半公斤。

為了	（原因）	（結果）
為了	學好鋼琴，	妹妹每天坐一小時公車去老師家學彈琴。
為了	考上大學，	哥哥都不去看電影了。

(八) 修改病句法

語文有它特有的語法，不合語法的句子就是病句，例如：缺乏主詞，或是句子裡主詞錯置；或是語詞結構上順序不對；或是一個概念還沒有說清楚，就接著第二個概念，以致句子不合邏輯思維，這種不合邏輯、不合語法的句子，叫做「病句」。訓練修改病句，也是訓練寫作的方式。

1. 老師先將學生分組，每兩個或三個學生分成一組。
2. 老師發給學生有問題的句子。（老師可以從學生的作文裡，找到許多病句。）
3. 請學生一起改句子。

下面是給老師做參考的句子：

☆這時候，那個小偷被許多大人已經抓住了。（被抓住已有「已經」的意思了）

☆象形、指事、會意是三種文字的造字方法。（其實它是三種造字方法，非三種文字。）

☆雖然你有什麼困難，大家都可以幫你忙的。（雖然的連接詞用錯了）

☆我們參觀了花博會是非常壯觀的。（不知壯觀的是形容花博還是參觀）

☆李先生穿著工作服做工有很多補釘。（把兩個意思的短語連起來，而缺連接詞，應該是李先生穿著有補釘的工作服做工。）

☆在教室前面站著一個人，他穿咖啡色上衣、綠色褲子，像個直立的小樹一樣。（這裡有兩層意思，一是有個人穿著咖啡色上衣、綠色褲子，一是這個人站著的姿態像是小樹一樣直立。）

☆他一面唱歌，一面吃水果。（人只有一張嘴，不可能同時有兩種動作。）

☆我學爸爸打了妹妹一個熱烈的耳光。（熱烈的形容詞用錯了）

☆我的原子筆被我用壞了，我同學跟我講，用火燒會變好，我做了，結果筆不聽使喚，也沒有甦醒。（看起來像是很有創意的寫作，但是立場錯了，主角是作者不是筆，筆沒有生命，不會有後面兩句的情形）

☆大公雞雖然很美，可是牠的心靈一點也不美。（第一句的美，不確定指的是什麼？）

☆來自世界各地的年輕人，都用不同的語言說著、笑著、唱著。（可以用不同語言說和唱，但是不能用不同的語言笑著。）

84 有哪些常用的修辭法？

　　語文要優美，修辭是很重要的。小學課文裡常出現一些簡單的修辭法，教讀課文時，可以介紹各種修辭法，讓學生認識它、瞭解它，而且運用它。對於修辭的一些專有名稱，則不需要學生去死記它，以免加重學習的負擔，而且也沒有實質的意義。

　　下面表格是較常用的修辭法。

修辭格	說明	例句
譬喻	又稱「打比方」，即用具體形象或淺顯事物，來說明較複雜的事物或道理。	☺一幢一幢新大樓，就像是種上去的一樣。 ☺她瘦得像竹竿一樣。
借代	也稱「換名」，不直接說出所要敘述的人或事的名稱，而借用另一種事物來代替。	☺別看他年紀小，他說話可是有斤兩的。 ☺李老爺帶著三個孫兒一進門，大娘就知蝗蟲來了。
轉換（擬人、擬物）	運用聯想把甲事當作乙事來描寫，它有擬人和擬物形象化的作用。擬人是把物當人來寫，讓物有情感能說話。擬物是把人當物來寫。	☺桃樹、杏樹、梨樹，你不讓我，我不讓你，都開滿了枝頭。（擬人） ☺你啊！說話要小心，牛皮不要吹得太大，尾巴不要翹得太高。（擬物）
誇飾	為了強調某事物或特徵，把某部分故意言過其實的說出來，可過分擴大或縮小。	☺有人把一塊錢看得比月亮還大。 ☺白髮三千丈，離愁是簡長。
對偶	把字數相等、結構相同、意義相關的兩個句子，對稱的排在一起。	☺天上吹著微風，地上飄著細雨。 ☺天增歲月人增壽，春滿乾坤福滿門。

修辭格	說明	例句
排比	排比是由結構相同，或語氣一致的句子組成的，一般總在三句以上。	☺美可以有很多種形式，菊花有菊的美；玫瑰花有玫瑰的美；牡丹花有牡丹的美，它們各有不同的風采。 ☺她的笑聲響亮清脆；她的容貌清秀美好；她的才藝超群絕倫，是個不可多得的奇女子。
頂真	頂針是用前面最後一句話或一個字、詞，成為下一句話的開頭，也稱「頂真」或「聯珠」。	☺姐姐買了一件薄紗衣，紗衣薄得像蟬翼一般。 ☺阿雄一臉鬍鬚，鬍鬚往兩邊翹，就像個八字。
描摹 （摹寫）	描摹是運用摹聲或摹色來形容事物，它有模擬聽覺的「摹聲」和模擬視覺的「摹色」兩種。	☺下雨了，雨水滴滴答答地打在屋簷上。（摹聲） ☺金色的晚霞把小美的臉，照映得紅通通的。（摹色）
類疊	同一個情境，接二連三地反覆出現的修飾方法。	☺臺北的雨季溼漉漉、冷淒淒、灰暗暗的。 ☺運動場上充滿了加油聲、笑聲、鼓聲。
雙關	讓一個語言關係到兩種情境，表面說這一件事，其實在說另一件事。	☺一方手帕四四方，直也絲（思）來，橫也絲（思）（寫給情人的信）。 ☺你別再往自己臉上貼金了。
引用	在行文裡插入前人說過的話，如諺語、俗話、格言等。	☺你可要牢記「一言既出，駟馬難追」哦！ ☺人要有感恩的心，即前人說的「吃水果要拜樹頭」。

85　有哪些常用的連接詞？

　　最基本的句子是「單句」，以一句話表示一個意思，如果把兩個以上的單句連著說的時候，就要加上一個連接詞，有連接詞的句子叫「複句」。

　　在小學課文裡有許多複句，我們學習句子的意思和它的形式，但是不需要去講解專有名詞，只要多練習，懂得使用連接詞就可以了。

　　例如：

轉折句 用了連接詞，把原來敘述的意思做了相反的改變。	常用的連接詞： 「雖然、儘管、固然」用在句子前面，後面用「不過、可是、只是、但是、卻、然而」等。也可以前面不用連接詞，只用後面連接詞，而成為轉折的句子。	☆你很美麗，可是（轉折）不會做事，也沒有用啊！ ☆雖然我身子小，沒有力量做大事情，但是（轉折）我可以幫人們除去害蟲。 ☆小胡常嚴厲的批評別人，這回卻（轉折）無情的解剖了自己。
並列句 兩句是平行關係，指同一件事物、或同一個人的幾個方面。	常用的連接詞： 是……不是…… 一方面……一方面…… 有時……有時…… 一邊……一邊…… 或用也、又、還、同時等。	☆我們想念周老師，周老師也關心我們。 ☆小青每天都很忙，她一方面要參加體操比賽，一方面要準備期末考試。
因果句 分句之間有原因和結果的關係。	常用的連接詞 因為……所以…… 由於……	☆因為下雨，所以地是濕的。（互為因果） ☆他今天這麼狼狽（結果），就是因為小時候不知努力啊（原因）。

		☆由於他不怕被人笑話（原因），不斷練習演講，後來成了知名演說家（結果）。
條件句 分句之間的關係是在某個條件，或特定條件下才有的結果。	常用的連接詞 只有……才…… 只要……就…… 除非……才…… 不管……都……	☆只有堅持不停地練習（條件），我們才能得到好成績（結果）。 ☆除非刮颱風（條件），小安才會在家裡（結果）。 ☆只要你是知識分子，你就一定會去做的。 ☆不管你是不是知識分子，你都會去做的。
選擇句 兩個或兩個以上分句，分別說出不同情況，然後可以做一個選擇。	常用的連接詞 是……還是…… 不是……就是…… 與其……不如…… 寧可……也不…… 也可以用或、或者等連接詞。	☆小美你是吃飯，還是吃麵啊？ ☆與其在這裡等，不如到咖啡廳等。 ☆為了考大學，哥哥不是去圖書館，就是去K書中心讀書。
假設句 前一個分句提出一種假設，後一個分句說明產生的結果。	常用的連接詞 如果、假如、假使、倘若、要是……就……	☆假如我是一隻小鳥，我就可以自由自在的在天上飛。 ☆一個人，如果行得正，坐得穩，就不怕別人批評了。
遞進句 後一句比前一句有深一層的意思。	常用的連接詞 不但……而且 不僅……還……	☆高鐵不但載客多，而且行駛得快。 ☆小強不僅繼承了父親的聰明，還學會了父親做生意的手腕。

86 如何教標點符號？

　　說話時，要停頓一下，停頓會隨著語氣而有長有短。寫文章時，就用標點符號標示。不同的停頓，也標示了不同的語氣。

(一) 標點符號又分「標號」和「點號」

1. 「標號」主要是表明書面語文的性質或作用的。

　　引號、括號、破折號、省略號、書名號、專名號等。

2 「點號」是用來停頓用的。

　　逗點、句點、頓點、冒號、問號、驚嘆號。

(二) 指導標點符號的運用可從以下幾點著手

1. 念課文時，要學生注意標點符號的停頓，例如：念到逗點稍做停頓，念到句點停留久一點，頓號要有驟然停頓的感覺，問號聲音要稍稍揚起。從朗讀中，認識標點符號的意義。

2. 朗讀課文時，遇到逗點輕拍一下，句點則是長拍一下；到下一段時，要學生吸口氣再念下去，如此，學生容易在朗讀中分出標點符號和段落。

　　例如：（Ｖ）輕拍的符號

　　蝴蝶又飛到花園裡，（Ｖ）看到一隻小蜜蜂停在花上（ＶＶ）。她對小蜜蜂說：「大眼睛的小蜜蜂啊！你看我展開翅膀（Ｖ），是不是很漂亮（Ｖ），我們來比一比（Ｖ），看誰最漂亮（ＶＶ）？」

3. 學生寫作文不寫標點符號，是因為對標點符號的認識不夠，老師可以要求學生念自己的作文，告訴他沒有標點符號的地

方，不准呼吸，讓學生瞭解標點符號是停頓和呼吸用的。

4. 提供填寫標點符號的作業給學生練習，或是把課文的標點符號去掉，要學生練習填寫，再自行對照課本，看看自己標對了多少。例如：

求學與做人是每個人必須學的兩件事求學的目的在學習做人的道理所以求學與做人是分不開的到學校求學不只是求得書本上的知識更重要的是還要把這些知識應用到日常生活裡能夠這樣我們求學才有意義才不是讀死書

(三) 背誦標點符號的口訣

學習標點並不難，形狀用法要記牢。

逗號（，）帶個小尾巴，句中停頓才用它。

句號（。）是個小圈圈，把話說完才出現。

頓號（、）像個小芝麻，並列語詞擺中間。

冒號（：）就是兩圓點，要說的話寫後邊。

引號（「　」）左右相對稱，要引的話寫中間。

問號（？）就是問問題，驚嘆號（！）表示驚訝和感嘆。

刪節號（……）點六點，表示意思未說完。

破折號（——）拉條線，註解說明會用它。

看書作文要認真，多看多用就熟練。

87　如何指導寫大綱？

　　寫大綱的目的是為了在下筆前，先對作文題目做一個思考，用聯想方式，充實內容。「聯想」確實是一種激發過去經驗的好方法，在聯想的過程中，可以想到許多的事情，但是想了以後不將它記下來，許多的想像就會稍縱即逝。所以在寫作文前，讓學生一面想，一面將想到的記下來，然後再刪減整理，成為有系統的敘述。

　　聯想可以從不同方向思考，而開始都以田格為主，哪一部分資料多了，再把那一段分成二、三段。

【方法一】從看到、聽到、觸到、想到四個部分著手
　　例如：我的媽媽

看到的媽媽	聽到媽媽說的話
☆媽媽每天早起幫我們做早餐。 ☆媽媽每天上班賺錢給我們用。	☆媽媽常告訴我們自己的事要自己做。 ☆媽媽常叫我們要隨手關燈。
我的媽媽	
觸到的媽媽	感到的媽媽
☆記得小時候生病時，媽媽抱著我，我接觸到她溫暖的手。 ☆媽媽現在的手粗粗的。	☆看到媽媽愁眉不展的，一定有心事。 ☆媽媽不在家時，我感覺到寂寞和害怕。

1. 把看到、聽到、想到、觸到的事，分別寫在田字格。
2. 先不設限，儘量寫四點、五點都可以。

3. 每一格歸納成兩點或三點。

4. 加上時間、地點或事情，各寫成一段。

【方法二】從動態活動、靜態景物著手
例如：去海邊

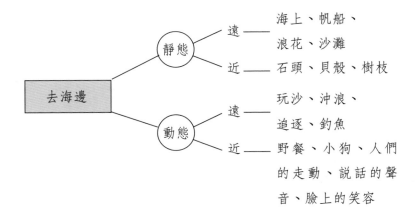

【方法三】從外形、實質與生活相關處著手

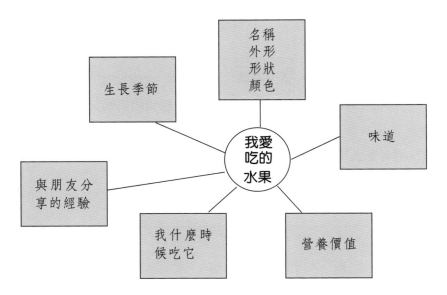

【方法四】加深加廣法

　　寫作文很需要的就是聯想，因為聯想才能把寫作變得充實而有內容，怎麼聯想呢？我們可以用圖表來呈現。

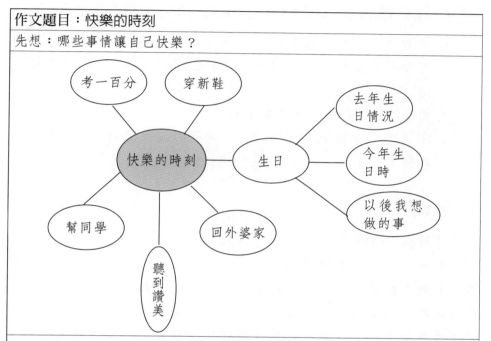

作文題目：快樂的時刻

先想：哪些事情讓自己快樂？

- 考一百分
- 穿新鞋
- 快樂的時刻
- 生日
  - 去年生日情況
  - 今年生日時
  - 以後我想做的事
- 幫同學
- 回外婆家
- 聽到讚美

　　上面這些快樂的事，會不會再來呢？會再來就是有希望，有希望就有快樂。但是寫作文可不能寫這麼多的事情，那麼就選擇其中一件事就可以了，作者選擇了「生日」。

1.去年我生日時，爸爸、媽媽買蛋糕給我。弟弟做了一張卡片送我。妹妹唱了一首好聽的歌祝我生日快樂。

2.今年我生日時，媽媽生病住院，沒有人為我過生日，但是我一點也不抱怨。因為，我看到媽媽的身體越來越好了。

3.我希望明年生日時，大家為我過生日，我也要做卡片送給爸爸、媽媽，唱兩首歌給爸爸、媽媽聽。

88　怎樣寫好作文？

(一) 從小處著手（中年級剛開始寫作，從小處著手較容易上手）

1. 老師出簡單的題目，讓學生寫出十句話以上即可。剛開始不要要求學生寫長篇大論，只要寫出意思連貫、句子通順的短文即可。
2. 希望學生要加上時間和地點的敘述。
3. 剛開始可以讓學生一起討論，再把討論結果寫下來，只要不抄襲，學生寫作內容相似沒有關係。

例如

「升旗的時候」

　　早上八點鐘，我們在教室門口排好隊，老師帶著我們走向操場。我們在操場上站好了，就聽到司儀說：「升旗典禮開始。」我們唱國歌，唱完國歌，校長上臺報告。校長說：「上星期三年五班的教室最清潔。」三年五班同學聽到就大聲歡呼，我們也為他們鼓掌。

「營養午餐」

　　每天到了十二點，大家肚子都餓了，一下課，班長和同學一起去搬午餐，我們都坐在座位上等他們回來。

　　今天午餐和平常一樣，都有三種菜，但是今天的菜和昨天的菜不一樣，昨天吃魚，每人一條魚，今天吃肉，每個人有兩塊肉，而且是很大塊的肉，還有青菜和豆腐，我們都吃得很開心。

(二) 加上段落

　　教寫作文時，老師不急於告訴學生要三段或四段，只要告訴學生怎樣才能把話說清楚，因為話要說清楚，所以要從不同方面去說，這就需要分段了。一般可以從「時間」上去分段，或從「地點」上去分段，或從事件上分段。（可參考本書P.217）

　　教學時，老師可以用一張紙畫出三格或四格，要學生先把想寫的事情寫下來（可參考本書P.209），再慢慢敘述內容。學生寫作文從沒有段落到分段落，就是一大進步了。

(三) 給一點描述

　　寫作文描述一下，等於是給文章上了顏色。教學時，不是告訴學生多用形容詞，而是要學生將觀察中所得到的印象，詳細的寫出來。

例如

「晴朗的早上」

　　今天是星期天，我被照射在床上的陽光叫醒了。

　　我起床推開窗戶，看到藍藍的天，明亮的陽光也從窗外照進我家裡，餐桌上、沙發上都像是被魔法師灑下金粉一樣，變得明亮美麗，我知道今天會是一個晴朗的星期天。

「媽媽的眼睛」

　　媽媽的眼睛並不大，而且也沒有雙眼皮，不像電視明星的大眼睛，又大又亮，但是媽媽的眼睛散發慈祥的光芒，那雙眼睛總是看著我，看我吃飯，看我寫作業，看我上床睡覺，媽媽的眼睛裡充滿了愛。

(四) 分格練習

老師可以用分格寫作方式，讓學生把一個作文題目，分成四次作業來完成。

例如：周五要寫作文，從周一開始，每天家庭作業寫作文的一小部分，要求學生寫一百字左右的短文，等到星期五寫作文時，就可以把四天短文，整理成一篇作文了。

例如：「我的學校」

第一天：寫出學校的環境 約一百字	第二天：寫老師上課情形，有哪些老師的教學引起大家的興趣。 約一百字
第三天：同學們相處情形，上課或下課同學的活動。 約一百字	第四天：我在學校獲得哪些知識和做人道理。 約一百字

一百字大約是八到十句話，每天寫八九句話不難，這種寫法也等於事先幫學生分好段落，等到寫作文時，要學生把已經寫好的四天作業整理一下，就可以寫出四段有內容的作文了。

89 如何指導「看圖寫作」？

(一) 先看圖上的東西，再看到圖上沒有的東西

低年級的習作中，有許多「看圖寫作」的作業。因為兒童初寫作文，在條理和內容上較不易掌握，如果能夠一面看圖，從圖畫裡得到啟發，再一面寫作，可以有話說，而且可以有較完整的內容。

在「看圖寫作」的教學中，有一個重要的工作就是要學生把圖看仔細，先看圖上有的東西，有什麼人，在什麼地方等。再思考圖上沒有的東西，例如天氣、物品的關係、人物的表情等，寫作時才不會空洞。若能再加些形容詞或「像什麼……」的譬喻，內容就更生動了。

「看圖寫作」可以一張圖寫一個段落，它是訓練學生分段的好方法。

(二) 教學時要先由學生試說

1. 老師讓學生先看全部圖片，再述說第一張圖、第二張圖、第三張圖，以此類推。
2. 說第二張圖時，要把第一張圖再複述一次。
3. 老師可以在每一張圖下面，貼出或寫出幾個關鍵語詞或短語。

兩人去釣魚，一人整理釣具，一人想：今天可以釣到大魚。

兩人坐在河邊，一人站著看，一人手甩釣竿，釣到一隻鐵罐子。

一人提著水桶站在釣者身後，一人釣起一隻螃蟹。

回家兩人坐著，一人收拾釣具，一人觀看盆裡的螃蟹。

4. 把全部圖片從頭敘述了，再依圖意寫下來。

學生試說之後，老師修正和補充學生所說的內容，再請學生寫下來。

(三) 空出結局，或中間一張圖，給學生創作

<u>90</u> 如何教作文分段？

　　古文都不分段的，分段是現代人的作法，目的是為了讓文章容易理解。因為一個段即一個小子題，一段一段連接起來就是一個完整的主題。分段的好處是，我們可以從段落去轉換場景，從段落去推展故事情節。寫作文要分段，這要從教課文著手，講解課文就要把課文的分段說清楚，讓學生瞭解分段的意義，那寫作文時就容易上手了。

　　簡單的分段方法如下：

(一) 從「時間」上分段

　　以不同時間來分段，例如：先寫「早上」做什麼事，而後寫「下午」做什麼事，再寫「晚上」做了什麼事，這就有三段了。以時間分段方式，可以從閱讀做起，或在上課文時清楚講解課文結構，充分瞭解課文分段方式，以後仿作就容易多了。下面課文是從時間上分段的例子。

　　（第一段）清明節 早上 ，天上飄著小雨，我們一家人和姑姑、小叔叔的家人，一起去掃墓。

　　（第二段） 到了墓園 ，媽媽和姑姑趕忙拿出鮮花、水果等祭品。爸爸和小叔叔拿著剪刀修剪花木，我和表姐跟在一旁撿樹枝、掃落葉。只有小堂弟最頑皮，一邊拔草，一邊玩泥土，最後抹了一臉的泥，讓嬸嬸看了又好笑又好氣。爸爸要我們安靜，他告訴我們，清明掃墓祭祖是懷念祖先過去為我們做的事。爸爸也講了很多爺爺、奶奶的故事。

　　（第三段） 傍晚天色暗了 ，我們收拾帶來的供品，大家一起回家，聽了爸爸講的故事，我們都知道清明節的意義了。

(二) 從「地點」上分段

例如：先寫一個地點看到的事情，再寫另一個地點看到的事情。

> 　　今天，爸爸帶我們去溪邊賞鳥，爸爸說：「每當春天來了，北方的候鳥就會到這個地方來過冬。」
>
> 　　我們到了大肚溪口，已經有很多人在溪邊了。他們手裡拿著望遠鏡，靜靜的望著遠方的鳥群。
>
> 　　弟弟站在大石頭上，也拿起望遠鏡，一邊看，一邊說：「爸爸，我看到好多鳥哦！」
>
> 　　爸爸對弟弟說：「鳥兒很容易受到驚嚇，所以說話要小聲一點。」
>
> 　　我們往天上看，看到候鳥成群結隊的在天上飛，真是好看！
>
> 　　爸爸帶我們走到更靠近溪口的地方，他說：「你們仔細看，小鳥在溪裡遊戲覓食，很快樂的樣子，等到天氣暖和了，這些候鳥又會飛回他們的故鄉了。」

(三) 從「事件」或「現象」來分段

下面這篇短文是從「現象」來分段的。

> 　　大自然會說話，你相信嗎？
>
> 　　當你看到天空潔淨，白雲飄得高高時，它是告訴你：「今天是晴天，你可以計畫去旅遊。」
>
> 　　如果天空陰沉沉的，烏雲一片片的聚在一起，它就是通知你：「要下雨了，出門別忘了帶把傘。」
>
> 　　當地上的螞蟻急急忙忙的搬家，從地上搬到樹上，它是換一個方式告訴你：「快要下雨了。」
>
> 　　你看到樹枝長出紅色或綠色的新芽，或是池塘裡的青蛙，嘓嘓叫個不停時，它們是告訴你：「春天來了！」
>
> 　　一圈圈的年輪，告訴你樹有多少年紀了。
>
> 　　一個人只要多觀察，時時注意周圍發生的事情，你就可以瞭解大自然說的話了。

91　如何寫作不離題？

學校作文或各類考試，大都是命題作文，命題作文可以練習看懂題目，抓住重點，就題目發揮。要使作文不離題最好的方法，就是把作文題目多看幾遍，瞭解題目的意思，然後就題目寫作，不要寫出與題目相去很遠的內容。

要寫作不離題，可從下面幾點著手：

(一) 分析題目

「命題作文」就是針對題目寫作的方式，為了不離題，首先要對題目有充分認識，在分析題目時，不妨拿枝筆、拿張紙，一面想，一面寫綱要，或是一面畫，那就容易多了。例如：

【一件難忘的事】	【感謝】	【我最喜歡的一本書】
• 只寫一件事。 • 寫出這件事的起因、經過和結果。 • 說明這件事讓我難忘的原因。	• 要感謝的是誰？ • 為什麼要感謝他（他做了什麼事，讓我需要感謝他）？ • 我要怎樣感謝他？	是「書」， 是「一本」， 是「我最喜歡的」。 「書有什麼內容」、 「為什麼喜歡這本書」、 「它對我有什麼影響」。

(二) 找出與題目有關的內容

例如

〈一次校外教學〉

1. 從許多次校外教學的經驗裡，找出一次值得說明的經驗。
2. 那一次教外教學去了「哪裡」，有哪些「活動」，「看到了什麼」？

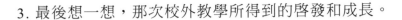

3.最後想一想，那次校外教學所得到的啟發和成長。

〈雙手萬能〉

手的功能，偉人用手創造的奇蹟，（舉三、五個例子）結論。

〈成長〉

成長是從小到大的過程，這其間有快樂、有悲傷，有許多改變，找出一兩件事做說明。

〈我看漫畫書〉

漫畫書的種類，它吸引人的地方，自己看了哪些好看的漫畫書，漫畫書在閱讀生活中，得到什麼啟示。

〈人無信不立〉

這個題目的重點是：人為什麼要有信用；為什麼誠信才能立足社會中，可以從正反兩面舉些例子說明，誠信或不誠信的結果，加強說明誠信的重要。

〈影響人類的重要發明〉

是一個發明，要說這個發明「是什麼」？

這個發明「為什麼」會影響人類的生活，「舉例說明」這個發明有哪些具體的影響。

(三) 開頭和結尾相呼應，都緊扣在作文題目上

作文是寫一個主題，也許是說明，也許是敘述，不論是哪一種方式，都要緊扣在一個題目上；也可以說它是一個圓圈，外圈上的每一個方塊就是一個段落，不論你從時間上分段，或從事件上分段，都是繞著圓圈裡的主題，那麼不論從哪一個點切入都與題目相關，都不會

離題。

　　寫作文前，先把每一個方塊填上內容，這是每一個段落的大綱，然後再想從哪一段開始寫，最後還是會回到第一段上，這叫開頭和結尾相呼應。

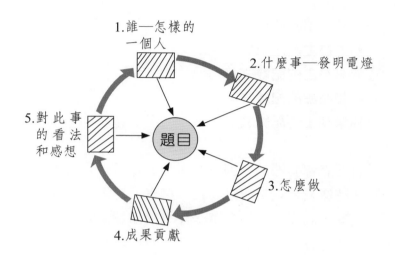

　　例如：**發明大王愛迪生**

　　可以從2.開始寫，「每當我打開電燈，把黑暗驅走，讓屋子充滿光亮時，我就想到愛迪生。」

　　1. 愛迪生是美國人，他在……。

　　3. 愛迪生發明電燈，並不是一件容易的事，他是用……。

　　4. 電燈的發明，改變了人類的生活習慣，這是偉大的貢獻。

　　5. 你對他的看法。

　　也可以從3.開始寫，「愛迪生在實驗室裡，試著用各種材料做實驗，然後發現了鎢絲是最好的材料。」再寫4.成果：對人類的貢獻及5.自己的感想，最後寫1.、2.介紹愛迪生的出生及家庭生活也是可以的。

92　如何寫「記敘文」？

　　凡是敘述人物、事件及環境，以表達一個中心思想的文章，都叫「記敘文」。

　　記敘文主要有四種類型：

　　◎寫人為主的記敘文

　　◎敘事為主的記敘文

　　◎狀物為主的記敘文

　　◎描景為主的記敘文

　　其實四者都有關係，因為「事情」是「人」為的，描寫敘述總是會帶點「時空」背景，所以寫人、寫事、寫物、寫景，只是文章主旨和輕重比率不同而已。因為每一件事情都是人與人之間的活動所發生的，這個活動會在某一個時間、某一個地點發生，所以寫記敘文就得把「時間」、「地點」交代好。

　　事情發生一定有它的「因果」關係，因為什麼原因而發生這件事呢？發生了這件事最後又有什麼結果呢？所以，寫記敘文也須注意事件的起因和結果。

　　知道事情的起因和結果了，那麼要想一想，事情發生的過程是怎樣的，這就好像故事情節一般，有它發生的「先後順序」，要完整清楚的寫出來，讀你文章的人才能明白。

　　記敘文的材料最好選自生活中，寫出自己所看到的事、所聽到的話、所經歷的事情。寫人物時為使文章生動，最好把人的特有外貌、聲音、動作寫出來。

　　簡單地說，寫記敘文要把握一個口訣（即六個要素）：

　　時間、地點、人物、起因、經過、結果。

什麼時？什麼地？
什麼人做什麼事？
事情起因是什麼？
事情經過又如何？
最後結局說清楚，
記敘要完整，
人物、時間、地點、事情不能少，
經過和結果缺少也不成。

　　記敘文的重點在敘述事情，所以過程很重要，寫作前不妨有圖形先勾勒出一個輪廓。如：

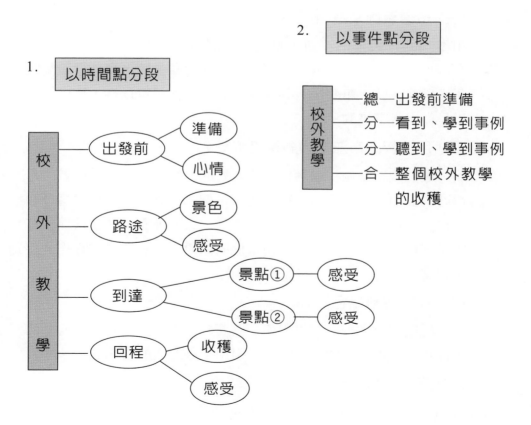

1. 以時間點分段

校外教學
　出發前 — 準備 / 心情
　路途 — 景色 / 感受
　到達 — 景點① — 感受 / 景點② — 感受
　回程 — 收穫 / 感受

2. 以事件點分段

校外教學
　總—出發前準備
　分—看到、學到事例
　分—聽到、學到事例
　合—整個校外教學的收穫

93 如何寫「說明文」？

「說明文」是說明一個觀念、一個道理，一句話或是一個物品。

例如：「談孝順」、「如何做個好兒童」、「如何做環保」、「誠信的重要」、「包粽子的製作過程」等。

寫「說明文」可以從下面幾點著手：

(一)把握要說明的主題

先對「題目」做個解釋，或是先說為什麼會談這個主題。

(二) 多用「是什麼」、「為什麼」和「怎樣做」的寫法。

(三) 多舉事例來說明

用舉例的方式，把看到、聽到的相關事情當例子，充實作文內容。有例子才能把道理說清楚。例如：「談孝順」時，舉些孝順的故事；「談環保」時，舉些所看到的環保實例。例子可以從生活中來，也可以是從書本讀來的。

(四) 用比較的方法加強對事物的論述

用「做」或「不做」來對比；用「對的」和「錯的」做比較；用「做得好的」和「做不好的」來說明。例如：「談孝順」可以寫孝順的人如何受到讚揚，不孝順的人如何受到別人的唾棄；「談環保」寫大家都做好環保的結果，和不重視環保的結果。用對比方式寫作，使文章更豐富。

(五) 引用資料或名言

要使說明文有內容，可以引用一些資料，例如：從報紙上看到的報導，從雜誌上看到的數據；也可以引用一些名人的言論說法。

(六) 文字平實說明清楚

說明文不須太多的修飾和描寫，用簡單明瞭的觀念或事情說明清楚即可。

94 怎樣豐富作文內容？

　　小學生在寫作文時，最感到困難的地方就是寫著寫著就沒有「話」說了。另外就是看到題目，想法只聚焦在一個點上，結果三言兩語，就把題目敘述完了，交出來的作文只有幾十個字，或三兩百個字。所以要豐富學生作文內容，首先要讓學生找到可以說的「話」，有話說作文就有內容。

　　如何讓學生寫作有話說呢？首先要對題目瞭解，然後用圓圈從核心往外，一圈一圈畫出來。教學時可以讓學生分組，先用「討論法」或「示意法」，讓學生討論，「這個題目，你會說什麼？」把想寫的內容條列出來，再刪減、分段可。例如：

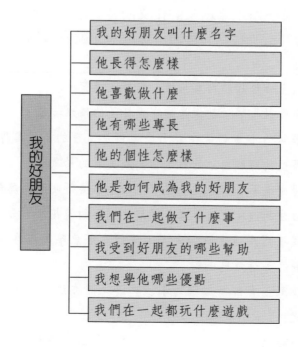

(一) 擴大寫作內容

寫「郊遊」不只是寫去玩的地方、發生的事情,還可以寫郊遊帶來的啟示和知識。

寫「班會」不只是寫班會的內容,還可以寫老師與同學的對話,開班會的民主程序和每個人各自表述的言論自由等。

寫「新年」除了吃的、穿的、玩的事情之外,可加上新年的希望和對自己的期許。

(二) 加上具體的說明

學生寫作的缺點就是只寫東西名稱,不去寫它的外形、顏色或位置等。例如:看到天就是天,不會想到它是藍色的天和不同形狀的白雲;看人就是人,不會去想他外形和衣著打扮,從衣著打扮去想像他的身分和個性等,所以寫出來的作文內容貧乏,沒有可看之處。我們要學生具體的寫出所看到的東西,那麼寫作就會有話可說了。例如:

白雲 ── 天上一片片的白雲,像一層層的棉絮。

海水 ── 海面很平靜,就像是盛在大杯子的清水一般。

小鳥 ── 平常的小鳥都是在天上飛,但是這裡的鳥兒都貼著海面飛,藍藍的海和白白的鳥,相映成美麗的景象。

陽光 ── 陽光撒下千萬條的金線,把大地點染得明亮而美麗。

白浪 ── 白白的浪花打向岸邊,捲起一圈圈的浪花,十分好看。

釣魚 ── 我看到岸邊有幾個大人,他們拿著魚竿,坐在大石頭上,靜靜的等待魚兒上鉤。

沙灘 ── 沙灘上有許多細細的小沙,陽光照在細沙上,發出點點的亮光。

貝殼 ── 沙灘上還有一些小貝殼,雖然不是很完整,但還是很漂亮。

遊客——	海邊有許多人，他們都穿著短褲、戴著帽子，有的小孩在玩沙，有的小孩在沙灘上追逐。
海浪聲——	海浪一波一波的湧上岸邊，拍打著海邊的大石頭，發出轟轟的聲音。

(三) 寫人物，不可以只用照像機，最好用攝影機

照像機拍出來的照片是靜態的，而攝影機可以拍出「動」的圖片，因為攝影機可以記錄事情的經過，這個意思就是說寫「人物」，不要只靜態的描寫人物的外貌或特徵，還要動態的記錄下他做了哪些事情。

「寫人物」是記敘文的一種，記敘文就是敘述的文體，寫人物的記敘文，一定要寫這個人所做的事，要用攝影機的方式，記錄做事的經過，而非只用照相機拍出一張張畫面而已，還要寫這個人過去所做的事情，以及事情的經過，所以說我們不只用照像機，還要用攝影機，如此才能將「人物」描寫得更生動。

95 如何「改寫」？

　　作文改寫也是一種創作，它只是把現成的作文，換一種形式改寫，看起來容易，但是也有它的難度，因為在改寫過程中，恐怕遺漏一些重要資訊，所以需要老師用心指導，只要學生瞭解改寫方式，就會是一種很有趣的作文方式。

　　改寫有幾種方式，例如：文體的改寫、結局的改寫、段落的改寫等。

(一) 文體的改寫

1. 記敘文改寫成抒情文

　　下面是作家王鼎鈞先生改寫「父親」的一篇感人文章。

記敘文的寫法===寫人

父親

　　我的爸爸本來是個賣包子的，他在公園路有個鋪子，是那種叫做違章建築的木板屋。生意真好，他整天剁餡兒。

　　製餡兒的人是包子鋪裡的靈魂，我家的包子能夠馳名四方，全靠餡好。爸爸用兩隻手拿兩把菜刀剁餡，動作極快，供應不斷，從不讓買包子的人久等。剁餡用的砧板是用很厚很結實的木材做成的，兩三年後就變薄了，而且像硯臺一樣留下了凹痕。它不能再用，爸爸得去買一塊新的砧板來。

　　人家都說爸爸做的包子天下第一，理由如下：包子是中國食物，最好的包子應該出在中國，而中國的包子又以我們家做的最好。不騙你，我每天上學、放學從包子鋪門外走過，常見有人坐著汽車從老遠的地方來買包子。

　　現在爸爸不賣包子了，公園路那一排木板屋也早拆掉。當年那幾塊

不堪再用的砧板還在，爸爸把它帶回家掛在書房裡——他現在有書房了——當作紀念。他常常指著砧板告訴我們，為人不要好逸惡勞。

（取材自《作文七巧》作者王鼎鈞）

抒情文的寫法＝＝＝描寫

父親

每逢看見有人彈鋼琴，我就想起父親。

每逢看見有人使用英文打字機，我就想起父親。

每逢從收音機裡聽到平劇的鼓聲，我就想起父親。

父親不打鼓、不打字，也從來不彈鋼琴，但他的雙手比打鼓、打字、彈鋼琴的人忙碌十倍，也巧妙十倍。

當我上小學的時候，每天背著書包從父親開設的包子鋪門前經過，總看見他在剁餡兒。他兩手並用，雙刀輪番而下，打鼓似的、彈琴似的敲響了砧板。當我去上學的時候，包子鋪裡的成品堆得像小丘那麼高，他仍然不停的剁餡兒，好像他的工作才開始。放學回來，成堆的包子不見了，賣完了，他仍然在那兒剁餡兒，好像永遠沒個完。

那條路上有許多小吃店，許多行人，還有來往的汽車，聲音十分嘈雜。可是如今在我的回憶之中，只有一種聲音，一種擂鼓的聲音，輕一陣、重一陣，密一陣、疏一陣，從路的這一頭響到那一頭，整條街上的木板屋都發出共鳴。

這是父親的戰鼓，我踏著他的鼓聲去上學，踏著他的鼓聲回家，我是在他的戰鬥裡長大的。

那是多麼嚴肅沉穩的聲音啊！聽那節奏，就知道他的手法多麼純熟，知道這個枯燥的工作消耗了他多少歲月和熱情！包子鋪的生意極好，很多人從遠處開著汽車來買，稱讚這一家的包子「天下第一」。父親什麼表示也沒有，只是擂他的戰鼓。

然而父親對他的砧板是頗為自豪的，他每隔兩三年要換一塊新的砧板，舊砧板在無盡無休的切剁和刮洗之下變薄了，中間凹下去了。父親

把這些不堪再用的砧板當作紀念品，好好的收藏起來。

現在，父親不賣包子了，他把那幾塊紀念品掛在他的書房裡。客人來了，不明就裡，還摩挲欣賞，問是哪派藝術家的構製呢！只有我知道，那是一位生活的巨匠在完成了四個孩子的教育之後偶然遣興的幾件小品，留作我們的傳家之寶。啊，父親！父親！

（取材自《作文七巧》作者王鼎鈞）

2.「劇本」改寫成「記敘文」

劇本是以對話方式呈現故事，記敘文則是用敘述方式說故事。要從劇本改寫成記敘文，首先要分析劇本裡的(1) 人物（有幾個人，他們有什麼關係）、(2) 故事情節發生的經過、(3) 故事的因果關係等，然後再依照記敘文六個要素：誰在什麼時候、在哪裡做了什麼事、事情的經過和結局等，就可以改寫出記敘文了。

3.「詩」改寫成「記敘文」

詩是簡潔的文字，要把詩改寫成記敘文，則要加上許多的想像，例如：加上時間，加上空間，加上我與詩中情節的關係等。

詩	記敘文
神祕的大海底下 有一個彩色的世界 那裡雖然有些幽暗 卻是一個美麗博物館 綠色海藻的旁邊 有紫色的海草 紅色珊瑚的附近 有張開的海葵	有一個星期日，爸爸帶我和弟弟去海洋博物館看美麗的魚群。 　　我們經過幽暗的走廊，來到玻璃屋前面，我看到綠色海藻的旁邊有紫色的海草，海草附近有紅色的珊瑚。張著大嘴的海葵，好像在歡迎我們的到來，還有一群一群的彩魚，有穿橫條紋的小丑魚，有紅色大嘴魚，有發著藍色光芒的魚，我叫不出它們的名字。這群彩魚像來來往往的遊客一樣，穿梭在海洋世界裡。

像遊客來來往往 是一群群的彩魚 大海底下雖然平靜 但是時常出現怪客 小丑魚把海葵當作店 燈籠魚日夜不分 出門都帶著燈籠 獅子魚不像獅子 卻像一隻花蝴蝶 神祕的大海底下 真是一個奇異的世界	海底世界美麗而多彩多姿，弟弟看著美麗的魚都會驚叫：「你看！你看！有一條黃色的魚游過來了！」「你看！你看！那條魚頭上亮亮的，像是帶著燈籠一樣。」爸爸聽了，轉頭對弟弟說：「你知道嗎？這種魚就叫燈籠魚。」弟弟說：「燈籠魚好有趣，每天都帶著燈籠游來游去，真好玩。」 　　我看到一種魚張著大翅膀，好像一隻花蝴蝶，爸爸告訴我，這是獅子魚，真有趣，獅子不像獅子，倒像是花蝴蝶，原來海底有這許多有趣的魚類。 　　我們看完海洋博物館以後，我好奇的問爸爸：「為什麼沒有看到大白鯊呢？」爸爸說：「你喜歡看大白鯊啊，下次我們去海洋世界，就可以看到更多的大魚了。」 　　我們很高興來海洋博物館，神祕的大海裡真是一個奇異的世界，我們也期待著去海洋世界，看更多、更大的魚群，今天真是快樂的一天。

　　把詩改寫成記敘文，要創造人物，要想情境，然後用敘述或對話方式，把詩的內容呈現出來。

(二) 結局的改寫

　　學生小時候聽過很多的故事，像是「龜兔賽跑」、「賣火柴的女孩」、「醜小鴨變天鵝」等，可以讓學生把這些童話故事改寫成另一種形式或另一種結局。

龜兔賽跑

【原版】

> 有一天，天氣晴朗，森林裡的動物都出來晒太陽。
>
> 兔子從樹林裡一蹦一蹦地跳出來，烏龜從池裡慢慢爬出來，兔子看到烏龜走路這麼慢，就嘲笑牠是世界上走路最慢的烏龜。
>
> 烏龜不理會牠。兔子看烏龜不理牠，很生氣，就對烏龜說：「你敢跟我比賽跑步嗎？」
>
> 於是兔子和烏龜賽跑，驕傲的兔子跑到一半，看到烏龜走得那麼慢，於是在樹下休息，結果睡著了，等兔子一覺醒來，烏龜已經走到終點了，兔子輸掉了這一場比賽。

【改寫結局】

> 有一天，天氣晴朗，森林裡的動物都出來晒太陽。
>
> 兔子從樹林裡一蹦一蹦地跳出來，烏龜從池裡慢慢爬出來，兔子看到烏龜走路這麼慢，就嘲笑牠是世界上走路最慢的烏龜。
>
> 烏龜不理會牠，兔子看烏龜不理牠，很生氣，就對烏龜說：「你敢跟我比賽跑步嗎？」
>
> 於是兔子和烏龜比賽跑步，兔子跑到一半，看到烏龜走得慢，就坐在樹下，後來不小心睡著了。烏龜經過兔子身邊，看牠睡得很甜，沒有叫醒牠，獨自繼續向前走，烏龜到達終點時，想一想：如果我先到終點，兔子一定會很難過，我們是好朋友，我要等牠一起到達終點。所以烏龜就在終點站著等兔子。不久，兔子醒來，很快跑到終點，牠看到烏龜在等牠，牠們就手牽手一起到達終點。

（三）段落的改寫（要注意文意的邏輯性）

寫作文是呈現語文能力、訓練組織能力，有時可以把學過的課文，打散它的段落順序，重新改寫成一篇完整的文章。但是要注意文章邏輯性和文意的連貫性，以下面文章為例。

發明大王愛迪生	發明大王愛迪生
愛迪生是一位偉大的發明家，他一生發明了一千多件的東西，大家都叫他「發明大王」。	有人問愛迪生：「在那麼多發明中，對人類最有用的是哪一種？」他回答：「電燈。」
有人問他：「在那麼多發明中，對人類最有用的是哪一種？」他回答：「電燈。」	過去人們沒有電燈，天黑了只能點煤油燈，人們想要工作，非常不方便。有了電燈以後，晚上像白天一樣明亮，大家就可以輕鬆愉快的工作了。所以有了電燈，世界就不再有黑暗了。
愛迪生為了發明電燈，做了上千種的實驗，他整天躲在實驗室裡做實驗。每天睡得很少，吃得很少，整整實驗兩年後，才從好幾百種材料中找到鎢絲。用鎢絲做燈泡的材料，才可以使燈泡用得更長久。	愛迪生為了發明電燈，做了上千種的實驗，他整天躲在實驗室裡做實驗。每天睡得很少，吃得很少，整整實驗兩年後，才從好幾百種材料中找到鎢絲。用鎢絲做燈泡的材料，才可以使燈泡用得更長久。
過去人們沒有電燈，天黑了只能點煤油燈，人們想要工作，非常不方便。有了電燈以後，晚上像白天一樣明亮，大家就可以輕鬆愉快的工作了。所以有了電燈，世界就不再有黑暗了。	愛迪生是一位偉大的發明家，他一生發明了一千多件的東西，大家都叫他「發明大王」。
愛迪生的成功，不是因為他聰明，而是他很努力，他曾經說：「成功是靠九十九分的努力，和一分的天才。」	愛迪生發明了電燈，照亮了全世界，有人說他是天才，但是他說：「我的成功，不是因為聰明，而是努力。」所以成功是九十九分的努力，和一分的天才。

96 如何「仿作」教學？

「仿作法」是在閱讀完一篇課文或文章後，模仿文章的寫作方式，例如：仿作文章的體裁、模仿文章的結構、模仿文章的段落安排、寫作方式等。

在教學中，我們有幾種仿作的方法：

(一) 模仿課文體裁

讀一課課文，學習課文的文體，認識不同體裁的寫作法，然後模仿它的寫作方式寫一篇作文。例如：讀完了〈阿里山看日出〉這一課，我們可以寫「陽明山賞櫻」、「關渡平原賞水鳥」、「淡水河看落日」等。

透過仿作，有個參考資料較容易上手，而且可以增加兒童寫作興趣，作文自然進步。

(二) 模仿課文的段落安排或結構

例如下面課文寫人物，課文分四段。我們也可以仿作人物寫法，第一段寫人物的簡單背景；第二段寫人物的成就(一)；第三段寫人物的成就(二)；第四段結論，寫這個人受人尊重的地方，或是這個人特別的地方等。

臺灣第一位醫學博士

杜聰明是淡水人，從小家裡很窮，但是他十分用功，二十九歲就成為臺灣第一位醫學博士。他認為要救更多的人，需要更多的醫生，因此把一生的精力，用來推動臺灣的醫學教育，教育出無數的名醫。

在七十多年前，臺灣有許多人吸食鴉片。杜聰明為了救人，發明了用尿液篩檢的方法，找出吸鴉片的病人，他是最成功的反毒專家。直到現在，尿液篩檢法仍然是全世界最通用、最方便的驗毒法。

臺灣的山林中有許多毒蛇，每年有一萬多人被毒蛇咬傷。杜聰明從毒蛇的血清中，找到以毒攻毒的方法，救了許多人的性命。如今，我們不但知道「毒蛇血清」可以救人，而且可以做其他的用途，「毒蛇的研究」成了臺灣科學上的重要成就。

杜聰明從不追求名利，而且愛人如己。雖然他身材瘦小，卻是臺灣醫學界永遠的巨人！

（85年南一出版國語課文第六冊）

把「課文大綱」轉換成「寫作大綱」：

	課文大綱		轉換成寫作大綱
第一段	杜聰明的生長背景	總起	簡單的介紹這個人的生長地點、願望
第二段	杜聰明發明尿液篩檢驗毒方法	分述	寫一個人的第一項成就
第三段	杜聰明發現毒蛇血清的功用	分述	寫一個人的第二項成就
第四段	杜聰明是醫學界永遠的巨人	結論	這個人令人佩服的地方，或是給這個人一個評語

(三) 模仿課文的開頭

> ◎課文：有人問居禮夫人說：「如果你許一個願，你想要許什麼願？」居禮夫人說：「我要一克鐳。」（仿寫以提問法開頭）

讀了居禮夫人的第一段，我們就可以讓學生模仿課文的開頭方式寫作。例如：老師出一個作文題目：「假如我是機器人」，我們可以如此開頭：

> 有人問我：「如果你可以許一個願，你最想要的是什麼？」我會回答他說：「我想做一個機器人。」

作文題目：「春天」。我們可以如此寫：

> 有人問我：「一年有四季，你最喜歡的是哪一個季節？」我會回答他說：「春天。」

　　◎課文：有隻漂亮的蝴蝶，頭上戴著金絲，身上穿著花衣，每天把自己梳洗得光鮮亮麗。飛到東，飛到西，展現她美麗的樣子。

（仿寫以詳細描寫外形樣貌開頭）

　　這課課文的開頭第一段是描寫物的外貌，如果我們寫「物」的作文，也可以用這種方式開頭。例如：作文題目「美麗的金針山」，我們可以如此寫：

　　「金針花長在一根瘦長的枝子上，五片花瓣向外開展，中間有細長的花蕊。金針花色彩鮮艷，帶著橘色的金黃，在陽光下特別耀眼，尤其滿山都開著金針花時，只見鮮黃的花在翠綠葉子的襯托下，格外吸引人的眼光。」

散列式的寫作

　　如果我是一隻小鳥

　　如果我是一隻小鳥，我就可以自由的在天上飛，我要飛多高就飛多高，要飛多遠就飛多遠。我不怕高山擋路，也不怕大海阻隔

　　如果我是一隻小鳥，我要飛到旗杆上，飛到高塔上。我可以在旗杆上開懷唱歌，我可以在高塔上眺望美麗的風景。

　　如果我是一隻小鳥，我要幫人們做一些事情。雖然我身子小，沒有力量做大事情，但是我可以幫人們除去害蟲，讓人們種的稻子和果樹，長得又快又好。

　　如果我是一隻小鳥，我要為我喜歡的小朋友唱歌。早上，我在他窗外唱歌，提醒他趕緊起床。上學時，我要一路唱著歌，送他去上學。

　　　　　　　　　　　（僑委會泰北華文課本第六冊／羅秋昭主編）

　　我們可以模仿課文形式，也寫一段相同形式的文章，例如：我們把小鳥改成「風」或是「小雨」等。

　　作文題目：「假使我是一陣風」，可以寫成：

　　假使我是一陣風，我會吹開窗簾，把太陽光從窗外引入窗內，讓房裡充滿陽光。

　　假使我是一陣風，我會把烏雲吹開，讓大地變得光亮。

　　假使我是一陣風，我會把不快樂的事吹走，讓每個人的臉上都是笑容。

97　如何指導寫詩？

　　詩是很美的文學，它是一種富有音樂性的文學。

　　詩的節奏、詩的韻味，總是令人讀了之後不忍放手，我們試著讀下面的詩，是不是很美？

西湖（劉半農）	一字詩（清／陳沆）
蘇堤橫亙，白堤縱 橫一長虹 縱一長虹　｝用虹比喻橋 跨虹橋畔月朦朦 橋樣如弓 月樣如弓　｝用弓比喻橋和月 青山雙影落橋東 南有高峰北有高峰 雙峰秋色去來中 去也西風，來也西風	一帆一槳一漁舟 一個漁翁一釣勾 一俯一仰一場笑 一江明月一江秋

　　讀了上面的詩，可以發現幾個特色：

1. 用了許多重複語詞和句子。
2. 加上許多想像或譬喻。
3. 運用借代的詞。
4. 加上形容的語詞。

　　我們可以試著使用以上的方法教學生寫詩，相信他們也可以寫出動人的詩篇。

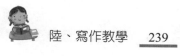

老師口述	學生跟著老師指示寫詩	成果——詩
一、寫下你喜歡的東西或事物，把這個東西寫兩次。（重複的）	西瓜，西瓜！	西瓜，西瓜 大大的，滾圓的 像是弟弟玩的大皮球 綠綠白白的外皮 紅紅甜甜的果肉 夏天 甜美的果汁 可以解暑 可以消熱 西瓜啊，西瓜！
二、寫出這個東西的形狀。 再用一行寫這個東西像什麼。	大大的，滾圓的，像是弟弟玩的大皮球。	
三、寫它的顏色、特色。	綠綠白白的外皮，紅紅甜甜的果肉。	
四、寫它的功用。	夏天 甜美的果汁 可以解暑 可以消熱	
五、把主題再說兩次。	西瓜啊，西瓜！	

機器人	雨傘	香蕉
機器人，機器人 雄壯威武的外形 變化無窮的動作 像力大無窮的大金剛 它是我的好朋友 我們一起遊戲 我們一起作戰 我愛機器人 我愛機器人	雨傘，雨傘 有花色的，有素色的 打開來像朵大香菇 合起來像爺爺的長拐杖 下雨天，它為我遮雨 太陽天，它為我遮陽 雨傘啊，雨傘！	香蕉，香蕉 長長的，彎彎的 像初五的上弦月 吃到嘴裡甜甜的 它幫我成長 它給我養分 我愛它 香蕉啊，香蕉！

98　如何從閱讀到作文？

　　寫作是一個複雜的歷程，所以不是每個人都可以當作家，但是訓練寫作卻是語文科重要的部分。寫作文不但學習邏輯思維能力，也是學以致用的訓練。但要如何閱讀，如何寫作文呢？

　　所有作家都告訴我們：只有多讀、多寫，才能寫出好文章。

　　「多讀」除了讀課文，還要多讀課外書。讀書時要一面讀，一面摘錄佳句，只有儲存大量語詞和句子，寫作時才能順手拈來，文字通順流暢。

　　以安徒生「賣火柴的女孩」為例，先讓學生閱讀文章，再從文章中摘錄句子。

「賣火柴的女孩」

　　今天是聖誕節，天氣很冷又下著大雪，這時有一個小女孩沒戴帽子，赤著腳走在大街上。她從家裡出來時原本有穿鞋子，但那雙是母親留下的鞋子，實在太大了，她為了要躲兩輛馬車，急急忙忙地跑到對面去的時候丟掉了。

　　這可憐的女孩只得赤著腳走，她的腳已經凍得青紫，小手抓著一把火柴，在舊圍巾裡面也兜著許多火柴，整天沒賣出一盒火柴。這可憐的小女孩，又凍又餓的向前奔走。

　　雪花輕輕地落在她美麗的鬈髮上，每個窗邊都點了燈，閃閃發光，富有人家裡還散發出燒鵝的香味。

　　她坐在兩間房子的一個角，縮著兩隻腳，但是並沒有用，因為這麼做，腳也暖不起來。她並不敢回家，因為她一盒火柴也沒有賣掉。沒有

錢拿回家，一定會被父親毒打一頓的。她家裡也和大街上一樣冷得要命，因為那裡是一個閣樓，只有一個破屋頂，雖然用稻草和破布塞好，風雪卻仍舊常常從隙縫中鑽進來。

她的小手幾乎凍僵了，如果她能從火柴束裡抽一根火柴出來擦著，是可以得到一點溫暖的。於是她就抽出了一根擦著。「噗」一聲火柴亮了，她把雙手合攏在上面想取暖。這時候她感到自己好像坐在一個大火爐前面，火熊熊地燒著。

她坐在那兒，手中只有燒過的火柴。她又劃了一根火柴，火柴燃燒起來，發出了光。

牆上有亮光照著的那塊地方突然變得透明，她像是看到了餡餅和烤鵝。

她又劃了一根火柴，火柴燃燒起來，變成一朵粉紅色的光焰。

她發現自己坐在一棵美麗的聖誕樹下，它的樹枝上有幾千支蠟燭。小女孩把雙手伸過去，火柴又熄滅了。她又劃了一根火柴。

啊，火光中出現了她日日夜夜思念的老祖母，她撲進老祖母的懷抱。

「祖母！」小女孩叫起來。「請把我帶走吧！帶到那沒有寒冷，沒有饑餓的地方。我知道，這根火柴一熄滅，你就會不見了。就像那溫暖的火爐，那美麗的烤鵝，那幸福的聖誕樹一樣，我什麼也看不見了。」

於是，小女孩把剩下的火柴全劃著了，因為她非常想把祖母留住。

聖誕節第二天早上，人們看到小女孩仍坐在牆角裡，她雙頰通紅，臉上帶著幸福的微笑。可是，她已經死了，凍死在聖誕節的夜晚，她手裡仍握著一把燒過的火柴梗。

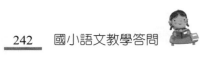

找一找 哪些是寫景的句子	她家裡也和大街上一樣冷得要命，因為那裡是一個閣樓，只有一個破屋頂，雖然大裂縫已經用稻草和破布塞好，風雪卻仍舊常常從隙縫中鑽進來。
找一找 哪些是寫物的句子	「噗」一聲火柴亮了，她把雙手合攏在上面想取暖。這時候她感到自己好像坐在一個大火爐前面。
找一找 哪些是寫人心情的句子	她發現自己坐在一棵美麗的聖誕樹下，比中午見到的那棵聖誕樹還要大，還要美麗。
找一找 哪些是寫人表情的句子	新年的早晨，人們看到小女孩仍坐在牆角裡，她雙頰通紅，臉上帶著幸福的微笑。可是，她已經死了，凍死在聖誕節的夜晚，她手裡仍握著一把燒過的火柴梗。
找一找 哪些是寫人的動作	她坐在兩間房子的一個角，縮著兩隻腳，但是並沒有用，因為這麼做腳也暖不起來。她並不敢回家，因為她一盒火柴也沒有賣掉。//可憐的女孩只得赤著腳走，她的腳已經凍得青紫，//她就抽出了一根火柴擦著。「噗」一聲火柴亮了，她把雙手合攏在上面想取暖。
找一找 文章是怎樣開頭的	今天是聖誕節，天氣很冷又下著大雪，這時有一個可憐的小女孩沒戴帽子，又赤著腳在大街上走。（寫出時間、天氣和主角背景）
找一找 文章是怎樣結尾的，它和起頭有什麼關係	可是，她已經死了，凍死在聖誕節的夜晚，她手裡仍握著一把燒過的火柴梗。（回應時間和主角結局）

99　如何批改作文？

　　批改作文是一項艱難的工作，但是好的批改，一定可以增進學生作文能力，這是不爭的事實。

　　批改作文可以分為「批」和「改」。

批	改
是一種評論、批示、建議	是改動、改變
「批」就是針對作文是否離題、作文立意是否適當、段落安排是否妥貼、思想觀念是否正確，給予學生作文一些建議或評論，著重在寫作上的建議。	「改」就是修改句子使它通順，或是修正錯別字等，主要是修改成正確的字詞或句子，給學生一個示範。

教師改作文要「多批少改」

　　「多批」是在作文簿的上方「眉批」，或在最後的「總評」，給予指正和建議。針對作文主題是否切題、段落是否清楚、句子是否通順、用詞是否正確等，給予建議，這樣改作文可以讓學生增加信心和興趣。

　　教師的「評語」，除了指導學生寫作之外，還可以和學生說些貼心的建議，或是鼓勵的語言，讓孩子在評語裡找到信心。例如：

▶ 你雖然不知道要怎樣寫好作文，但是平日你上課認真，也按時寫作業，老師肯定你的學習態度。想把作文寫好，只要多讀課外書，多抄佳句，我相信你的作文一定可以進步的。

▶ 老師喜歡你的見解，小學生也應該有自己的想法，勇於表達自己的看法，這是值得鼓勵的。

▶ 老師小時候也和你一樣，希望自己像「風」一樣，可以自由自在的飄來飄去。

▶ 你媽媽說得對，只有健康的身體才有一切，你要聽媽媽的話哦！

▶ 你的作文寫得很有條理，如果上課態度也像你的作文一樣的好，你就是好學生了。

諸如此類，老師只要多用點心思，在批改作文時，多給予眉批，多給予建議，學生會在寫作上有很大的進步。

「少改」是少改動學生寫的句子，老師可以把學生寫得不通順的句子，用紅線畫在句子旁邊，讓同學自己修改，或請其他同學協助修改。至於錯字，老師可以畫個記號要學生自己修改；有些老師改作文，只改錯字而已，這是不正確的。

第一段先解
釋題目，再
用問句引出
下一段。寫
得很好！

柒、語文試題範例

插圖繪者：楊麗玲

基於語文的複雜性和綜合性的學科特性，我們出題的方向朝著認知和技能方面著手，主要在測驗學生對於語文的記憶能力、理解能力、判斷能力、創造能力和組織能力等。

(一) 記憶能力

測驗是否記住字的形、音、義，語詞的意思、文法修辭的規則。

(二) 理解能力

測驗對於短語、句子的理解；詞與詞、句與句之間的關係，希望從理解中進入知識的世界。

(三) 判斷能力

測驗是否可以判斷文句的優劣，判斷句子是否有問題，比較一句話與另外一句話有何種關係。

(四) 組織能力

測驗是否能運用有限的材料，組成句子或是文章，這是學習表達的重要訓練。

(五) 創造能力

測驗學生透過思維，開創出新的構想或新的判斷。

下面幾個出題的例子提供老師做參考：

1. 寫字的筆畫數

「卵」有（　　　）筆，第二筆是（　　　）

「率」有（　　　）筆，第五筆是（　　　）

2. 練習多音字

給下面多音字的拼音標上「聲調」：

切（　）開　　裂縫（　）　　請假（　）　　猜中（　）

儘（　）量　　親切（　）　　縫（　）線　　真假（　）

3. **在括號裡填上適當的量詞**

一（　　）蜈蚣　　一（　　）瓦屋　　一（　　）信

一（　　）郵筒　　一（　　）牛　　　一（　　）硯臺

4. **劃掉括號中的錯別字**

(1) 我口（渴　喝）了，真想（渴　喝）水。

(2) 姊姊到書店（賣　買）了一本《十萬個為什麼》。

(3) 我的家鄉美麗富（饒　繞）。

5. **組字 —— 看看你能組成多少字**

(1) 口　也　頁　山　馬　令　奇　刀　亻

　　（召、馳、領、崎、他、倚、伶）

(2) 少　月　十　力　雨　辦　包　肖　氵

　　（　　　　　　　　　　　　　　　　　）

6. **詞的重疊**

找出句子中可以寫重疊形式的詞：

例如：他大方的表演了一個節目。（大大方方）

(1) 他順利的辦好結婚手續。（　　　　　　　　）

(2) 他清楚的把事情交代完了。（　　　　　　　　）

7. **選字組詞**

（**7-1**）把前面兩字和後面的字配成詞，看看可以搭配多少個詞。

應	為　原　答　付　此　當　果　該
因	

答案：（因為、因此、因果、應該、應答、應當、應付）

刻	服　苦　時　制　立　攻　骨　頃　深
克	

答案：（　　　　　　　　　　　　　　　　　　　　）

（7-2）形近字寫詞

$$\begin{cases} 侮（\quad） \\ 悔（\quad） \end{cases} \begin{cases} 練（\quad） \\ 煉（\quad） \end{cases} \begin{cases} 槐（\quad） \\ 愧（\quad） \end{cases} \begin{cases} 樓（\quad） \\ 摟（\quad） \end{cases}$$

（7-3）形近字圈出正確的字

（冠　寇）軍　　　（准　準）確　　　（折　析）斷

（座　坐）位　　　（測　側）面　　　急（噪　躁）

鍛（練　鍊）　　　狡（猾　滑）　　　規（矩　距）

憤（恕　怒）　　　時（後　候）　　　自（已　己）

8. 給下面的字分別加上不同的偏旁，組成新的字

例如：

$$白\begin{cases}（伯）\\（怕）\\（柏）\end{cases} \quad 尚\begin{cases}（\quad）\\（\quad）\\（\quad）\end{cases} \quad 包\begin{cases}（\quad）\\（\quad）\\（\quad）\end{cases}$$

9. 把下面的詞分成兩組，一組表示熱情、一組表示憎惡

鼓舞　幸福　虛偽　堅強　勾結　浮誇　和藹　懶惰　親切

狡猾　英勇　頑固　殘酷　討厭　瘋狂　慈祥　語重心長

10. 寫出反義詞

香↔（　　　）　　　難↔（　　　）　　　快↔（　　　）

輕↔（　　　）　　　深↔（　　　）　　　平靜↔（　　　）

簡單↔（　　　）　　　沉著↔（　　　）

（10-1）寫出帶點詞的反義詞

(1) （　　　）使人進步，驕傲使人落後。

(2) 正確的要堅持，（　　　）的要改正。

(3) 你說的事根本不是什麼（　　　），早就公開了。

(4) 他顯得很鎮靜，一點兒也不（　　　）。

（10-2）寫出帶點詞的反義詞，並各造一個句子

例如：穿越馬路是危險的事。

　　（安全）：聽交通警察的指揮，就可以安全的過馬路了。

(1) 林林把節省下來的錢買書。（　　　　　）

(2) 小明把教室打掃得很乾淨。（　　　　　）

(3) 我同意他的意見。（　　　　　）

11. 多義字

寫出帶點的詞，在句子裡的意思：

(1) 你有熟人在臺北嗎？（　　　　）

　　稻子熟了，田裡一片金黃。（　　　　）

　　飯煮熟了。（　　　　）

　　這篇課文我讀得很熟了。（　　　　）

(2) 他在生氣，你快去勸勸他吧！（　　　　）

　　青年人最有生氣了，做什麼事都很積極。（　　　　）

12. 確定帶點詞的意思，用「ˇ」表示

☆這朵花已經謝了。

　　□(1) 指感謝。

　　□(2) 指枯萎的意思。

☆這臺機器出了問題。

　　□(1) 指需要研究或解答的題目。

　　□(2) 指故障、毛病。

☆我被刺耳的喇叭聲吵醒了。

　　□(1) 刺激的意思。

　　□(2) 指尖銳的像針一樣的東西。

13. 把下面句子中劃線的部分換成一個恰當的成語

(1) 做這件事，我<u>心理完全願意，沒有一點勉強</u>。（心甘情願）

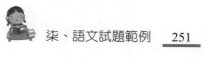

(2) 人們從<u>各個方面和各個地方</u>湧向廣場。

（　　　　　　）

(3) 老師對我們的關懷是<u>沒有一個細微的地方不照顧到的</u>。

（　　　　　　）

14. 按一定順序重新排列下面的詞

(1) 哥哥　伯伯　祖父　弟弟　叔叔（　　　　　　　　）

(2) 中午　晚上　黃昏　早晨　下午（　　　　　　　　）

(3) 裙子　帽子　上衣　鞋子　襪子（　　　　　　　）

15. 在括號裡填上一個表示顏色的詞

（　　）日、（　　　）雲、（　　　）天、（　　　）瓦

（　　）棗、（　　　）兔、（　　　）松、（　　　）豆

（　　）雪、（　　　）山、（　　　）水、（　　　）菜

16. 在括號裡填上「的」「得」

(1) 他跑（　　　　）上氣不接下氣。

(2) 金色（　　　　）太陽，慢慢（　　　　）升上來。

(3) 天熱（　　　　）叫人透不過氣來。

(4) 下課了，同學們蹦蹦跳跳（　　　　）來到操場，展開各種活動。

(5) 他開懷（　　　　）笑，笑（　　　　）很神祕。

17. 在括號裡填上「啊」「嗎」「呢」「吧」

(1) 我能用什麼話安慰他（　　　）？

(2) 你為什麼不好好學習（　　　）？

(3) 小明是到學校裡去了（　　　）？

18. 把下面語詞用線連成短語

修改　　　　桌椅　　　　　　維持　　　　方向

修理　　　　房屋　　　　　　保持　　　　距離

修建　　　　文章　　　　　　堅持　　　　秩序

獵取	發言	步伐	堅決
爭取	食物	態度	堅強
奪取	冠軍	意志	堅定

19. 把句子寫完整

把不完整的句子補充成完整的句子，並給每個句子加上標點符號。

(1) 都有一雙靈巧的手（每個人都有一雙靈巧的手。）

(2) 今天上午為什麼遲到（　　　　　　　　　　　）

(3) 多美啊（　　　　　　　　　　　　　　　　　）

(4) 這本書（　　　　　　　　　　　　　　　）

20. 給空格填上正確的語詞

弟弟＿＿＿＿＿＿？答案：一百二十公分高。

桌子＿＿＿＿＿＿？答案：一公尺長。

21. 把句子寫完整

例如：我		三年級的小學生。
小明和小香	是	＿＿＿＿＿＿＿＿＿＿
他們		＿＿＿＿＿＿＿＿＿＿
臺灣		＿＿＿＿＿＿＿＿＿＿
太陽		＿＿＿＿＿＿＿＿＿＿
汽車和輪船		＿＿＿＿＿＿＿＿＿＿

例如：他的優良事蹟	獲得老師和同學的讚賞。
	通過大橋。
＿＿＿＿＿＿＿＿＿	放暑假了。
＿＿＿＿＿＿＿＿＿	非常整齊。
＿＿＿＿＿＿＿＿＿	認真看報。
	生活在大海中。
	飛上了藍天。

22. **把句子寫具體（加上形容詞）**

例如：勇敢的	戰士	衝過了敵人的封鎖線。
（　　　）	太陽	從西方落下去。
（　　　）	大海	一眼望不到邊。
（　　　）	狐狸	想吃掉小羊。
（　　　）	彩旗	迎風招展。
（　　　）	歌聲	響徹天空。
（　　　）	螞蟻	忙著搬運東西。
（　　　）	天空	飄浮著朵朵白雲。

23. **在括號裡填上合適的詞，把句子寫具體**

例如：（可愛）的金魚在（青綠）的水草中（自由的）游著。

(1) 我（　　　）的走過去，（　　　）地向前一撲，逮住了一隻小嘓嘓。

(2) 貓頭鷹睜著兩隻（　　　）的眼睛，（　　　）的俯視著田野。

(3) 他（　　　）的表演，贏得了（　　　）的掌聲。

24. **照樣照句把句子寫具體**

例如：海很大，<u>一眼望不到邊</u>。
　　　教室裡很乾淨，<u>一點兒灰塵也沒有</u>。

(1) 天上的星星很多，_____。

(2) 這棵樹真粗，_____。

(3) 早晨的霧可大啦，_____。

(4) 他的故事講得很好，_____。

25. 加長句子，讓敘述更具體

例如：上課了，老師走進了教室。

上課了，老師<u>夾著書，向四周環視了一下</u>，走進了教室。

(1) 燈下，奶奶為我編織毛衣。

燈下，奶奶＿＿＿＿＿＿＿＿＿＿＿＿為我編織毛衣。

(2) 小猴子看見了一顆桃子，摘下了桃子。

小猴子看見了一顆桃子＿＿＿＿＿＿＿＿＿摘下了桃子。

例如：火車奔馳

〔一列特快〕的火車，〔在原野上飛快地〕奔馳。

(1) 病房裡很安靜，＿＿＿＿＿＿＿＿＿＿＿＿＿＿＿。

(2) 天色暗下來了，＿＿＿＿＿＿＿＿＿＿＿＿＿＿＿。

(3) 妹妹愛唱歌，＿＿＿＿＿＿＿＿＿＿＿＿＿＿＿＿。

26. 改寫句子

(1) 句子中詞序的變換

例如：國旗飄揚在塔頂上。

<u>國旗在塔頂上飄揚</u>。

①各種車輛在馬路上行駛。

＿＿＿＿＿＿＿＿＿＿＿＿＿＿。

②鮮花盛開在田野上。

＿＿＿＿＿＿＿＿＿＿＿＿＿＿。

③動物園裡，最惹人喜愛的是猴子。

＿＿＿＿＿＿＿＿＿＿＿。

(2) 把下面的句子改寫成被動句

例如：大水淹沒了田地。

大水把田地淹沒了。

　　田地被大水淹沒了。

①一根小草劃破了魯班的手指。

　　_____。

②烏鴉喝光了瓶裡的水。

　　_____。

③狂風吹倒了路旁的大樹。

　　_____。

27. 縮寫句子

　　例如：我們在老師的帶領下，從學校坐校車去外雙溪故宮博
　　　　　物院，參觀珍貴的古物。

　　　　老師帶我們參觀故宮博物院。

(1) 一架銀白色的飛機，在藍藍的天空中飛行。

　　_____。

(2) 溫暖的陽光，照著一望無際的大草原。

　　_____。

(3) 各式各樣的汽車，在寬闊的馬路上來回的行駛。

　　_____。

28. 選填連接詞語

　　就、可是、儘管、因為、無論、所以、也、雖然、如果、只
　　要、卻、但是

(1)（　　）小華生病了，（　　）今天沒來學校上課。

(2)（　　）小華生病了，（　　）他今天還來學校上課。

(3)（　　）小華不生病，他（　　）會來學校上課。

29. 寫好譬喻句

(1) 老師像（媽媽）一樣，關懷著我們的成長。

(2) 國慶日的夜晚，強烈的燈光把廣場照得像（　　　　　）一樣。

(3) 太陽像（　　　　　），烤得大地滾燙滾燙。

30. 修改病句

(1) 語意重複

例如：大約過了一個星期左右的時間，我恢復了健康。

　　　大約過了一個星期，我恢復了健康。

　　　（或：過了一個星期左右，我恢復了健康。）

①今天開家長會，各位家長們都到齊了。

_____

②很大的傾盆大雨，像水用臉盆倒下來似的。

_____

③這是一幅多麼美麗、好看，而又漂亮的圖畫呀！

_____

(2) 詞序排列錯誤

例如：我國的電子產品是全世界最多的國家。

　　　我國是全世界電子產品最多的國家。

①這是一本很有趣的我的書。

_____

②我們堅強必須鍛鍊身體。

_____

③他從書包裡拿出了一疊很厚的書。

_____

31. **加標點符號**

(1) 從去年開始　張簡天天寫日記

(2) 我有一本　漢語成語小辭典　它是我學習的　好老師

(3) 媽媽一進屋就問我　今天的作業完成了嗎

(4) 我們學校裡組織了足球隊　籃球隊　排球隊和乒乓球隊

(5) 一天　兩天　三天　十天就過去了

32. **選擇題**

請問「　」內是什麼意思？

（　）(1) 活力「充」沛的哥哥，每天都得打上一、兩個小時的籃球，才覺得全身通體舒暢。「充」的意思是：　①溢出來　②儲備　③飽滿　④擔任

（　）(2) 他一談起過去光榮的戰績，迷茫的雙眼立刻變得「　」，臉上也浮現驕傲的神采。　①口沫橫飛　②不可思議　③體無完膚　④炯炯有神

（　）(3) 下面「　」中的字，哪一組的讀音相同？　①養「蠶」取絲、「潺」潺的小溪　②滿空星「辰」、「沉」醉　③洗「滌」心靈、一「條」香腸　④心情「愉」快、皇上手「諭」

（　）(4) 下面「　」中的字，哪一組的讀音不同？　①「祥」和、「詳」細　②「暮」色、羨「慕」　③阻「礙」、「凝」視　④「叢」林探險、流水淙「淙」

（　）(5) 如果你想知道「是誰發現種牛痘來預防天花」，你會找什麼工具書？　①字典　②尺牘大全　③百科全書　④成語辭典

（　）(6) 「這部電影的主角，讓人留下深刻的□□。」□□中的正確用詞是？　①想像　②印象　③影像　④現象

（　）(7) 下面有一句話「我一進門，立刻被眼前的雕像吸引住了。」朗讀時，如果我要強調心情的轉變，要加強哪一個語詞的聲音？　①一進門　②立刻　③雕像　④吸引

（　）(8) 「在掛滿紅色布□的喜宴會場上，瀰□著歡樂的氣氛。」上面文句的空格中，依序應該填入什麼字？　①曼、漫　②幔、漫　③幔、慢　④幔、曼

（　）(9) 「小方在班上被同學□□為人服務熱心，但是他卻很謙虛，從不□□自己。」　①誇張、誇耀　②誇耀、誇耀　③誇讚、誇耀　④誇大、誇獎

（　）(10) 我要寫一篇「讀書」的作文，下列哪個句子不可以用在作文裡？　①書中自有黃金屋　②少壯不努力，老大徒悲傷　③為賦新詞強說愁　④孔子是個學不厭，教不倦的聖人

（　）(11) 我們要學會「把握時間，做時間的主人」。下面哪一句與題目中的「把握」意思相同？　①對於明天的決賽，他十分有「把握」　②他花三個月的準備，對於試教已經很有「把握」了　③老師教我們做人要「把握」原則　④一個人要「把握」時間，人生才不會白活

國家圖書館出版品預行編目資料

國小語文教學答問／羅秋昭著. ――初版.
――臺北市：五南，2014.09
　面；　公分
ISBN 978-957-11-7701-4（平裝）
1.漢語教學　2.小學教學　3.問題集
523.311　　　　　　　　　103012697

1IVH

國小語文教學答問

作　　　者 ― 羅秋昭（411）

發 行 人 ― 楊榮川

總 編 輯 ― 王翠華

主　　編 ― 陳念祖

責任編輯 ― 陳俐君　李敏華

封面設計 ― 童安安

插畫繪者 ― 楊麗玲

出 版 者 ― 五南圖書出版股份有限公司

地　　　址：106台北市大安區和平東路二段339號4樓

電　　　話：(02)2705-5066　　傳　　真：(02)2706-6100

網　　　址：http://www.wunan.com.tw

電子郵件：wunan@wunan.com.tw

劃撥帳號：01068953

戶　　名：五南圖書出版股份有限公司

台中市駐區辦公室/台中市中區中山路6號

電　　　話：(04)2223-0891　　傳　　真：(04)2223-3549

高雄市駐區辦公室/高雄市新興區中山一路290號

電　　　話：(07)2358-702　　傳　　真：(07)2350-236

法律顧問　林勝安律師事務所　林勝安律師

出版日期　2014年9月初版一刷

定　　價　新臺幣380元